A mis hijos.

FSC
www.fsc.org
MIXTO
Papel procedente de
fuentes responsables
Paper from
responsible sources
FSC® C105338

Centro Financiero Global

Una revisión de la City

José Manuel Santos Vázquez

Editorial: BoD · Books on Demand, Calle de Manzanares, 4, 28005 Madrid, bod@bod.com.es
Impresión: Libri Plureos GmbH, Friedensallee 273, 22763 Hamburg (Alemania)

ISBN: 978-84-1092-086-6

Prólogo

Prólogo

La historia de la City de Londres es un fascinante relato que entrelaza los hilos del comercio, la innovación y la resiliencia a lo largo de los siglos. Este enclave, que se extiende por poco más de una milla cuadrada, no solo ha sido testigo de algunos de los eventos más significativos de la historia de la humanidad, sino que ha jugado un papel crucial en la configuración de la economía global tal como la conocemos hoy. Desde sus humildes orígenes como un puerto romano en la orilla del Támesis hasta su actual estatus como uno de los epicentros financieros más influyentes del mundo, la City es un ejemplo vivo de cómo las ciudades pueden transformarse y reinventarse para mantenerse relevantes frente a los cambios geopolíticos, económicos y tecnológicos.

La singularidad de la City de Londres radica en su capacidad para adaptarse a los desafíos de cada era histórica. Durante la ocupación romana, Londinium se estableció como un nodo estratégico dentro de una vasta red comercial, exportando minerales y productos manufacturados mientras importaba bienes de lujo y materias primas esenciales. Este núcleo urbano prosperó gracias a su infraestructura avanzada para la época, incluyendo puentes, muros y caminos que conectaban Londres con otras partes del imperio. La caída del Imperio Romano marcó un período de declive, pero incluso en medio del caos que caracterizó la transición hacia la Edad Media, la City logró mantener su relevancia gracias a su ubicación estratégica y su incipiente infraestructura comercial.

Con la llegada del medievo, la City consolidó su posición como un centro comercial gracias a la formación de los gremios y la construcción del

Guildhall, el corazón administrativo y económico de Londres durante siglos. En esta época, los mercaderes italianos y flamencos trajeron las primeras prácticas financieras modernas, sembrando las semillas de lo que más tarde sería el sistema bancario contemporáneo. La formación de gremios permitió regular el comercio, garantizar la calidad de los productos y proteger los intereses de los mercaderes, estableciendo una base sólida para el crecimiento económico. La fundación de la Compañía de las Indias Orientales en el siglo XVII y la creación del Banco de Inglaterra a finales del mismo siglo marcaron un punto de inflexión, colocando a la City en el centro de una economía global emergente impulsada por el comercio marítimo y la expansión colonial. Esta etapa también estuvo marcada por el florecimiento de los mercados de capital y el establecimiento de instituciones que sentaron las bases para la bolsa de valores moderna.

El siglo XVIII trajo consigo la Revolución Industrial, una transformación económica y tecnológica que consolidó aún más el papel de Londres como líder financiero. Mientras las fábricas y los ferrocarriles impulsaban un crecimiento sin precedentes, la City se convirtió en el núcleo del capital necesario para financiar esta expansión. La Ley de Sociedades de 1844 y la adopción del patrón oro en el siglo XIX fueron hitos clave que fortalecieron la confianza de los inversores y aseguraron el dominio de la libra esterlina en el comercio internacional. Durante este período, la City no solo facilitó la financiación de la industrialización británica, sino que también desempeñó un papel crucial en la expansión del comercio global, actuando como puente entre los mercados europeos y las colonias británicas.

Sin embargo, la City no estuvo exenta de desafíos. Las dos guerras mundiales del siglo XX pusieron a prueba su resiliencia, tanto en términos de infraestructura como de relevancia económica. Los bombardeos que destruyeron gran parte de Londres durante la Segunda Guerra Mundial no lograron sofocar el espíritu de la City, que emergió de las cenizas como un centro financiero renovado y dinámico. Este período también vio la transformación de la economía global, con el surgimiento de nuevas potencias económicas y la necesidad de adaptarse a un mundo multipolar. La desregulación de los mercados financieros en 1986, conocida como el "Big Bang", marcó el comienzo de una nueva era de crecimiento y globalización para la City, consolidándola como un punto focal para los mercados internacionales de capital. Este evento permitió la introducción de tecnologías avanzadas, la modernización de las infraestructuras comerciales y la llegada de instituciones extranjeras que fortalecieron la diversidad y el alcance global de la City.

Hoy en día, la City de Londres sigue siendo un motor clave de la economía global, pero también enfrenta retos sin precedentes. La crisis financiera de 2008 puso en evidencia la necesidad de reformas profundas, mientras que el Brexit ha obligado a la City a redefinir su relación con Europa y buscar nuevas oportunidades en mercados emergentes. A pesar de estos desafíos, la City ha mostrado una notable capacidad de adaptación, fortaleciendo su posición en áreas como la tecnología financiera y las finanzas sostenibles. Al mismo tiempo, se ha convertido en un líder en iniciativas de finanzas verdes, desarrollando productos como bonos vinculados a la sostenibilidad y fondos dedicados a proyectos de energías renovables.

Este estudio busca explorar en profundidad los eventos y procesos que han definido la evolución de la City de Londres a lo largo de los siglos. Más que un simple repaso histórico, este análisis pretende arrojar luz sobre las dinámicas que han permitido a la City no solo sobrevivir, sino prosperar en un mundo en constante cambio. A través de sus transformaciones, la City ha demostrado que la innovación, la resiliencia y la visión estratégica son elementos esenciales para el éxito a largo plazo. La City de Londres no es solo un lugar; es una idea, un símbolo de adaptabilidad, ingenio y ambición que sigue inspirando a generaciones de emprendedores, economistas y visionarios alrededor del mundo. A medida que avanzamos en el siglo XXI, su historia nos ofrece lecciones invaluables sobre cómo las ciudades pueden liderar en un contexto global cada vez más competitivo y complejo.

La City también representa una intersección única entre tradición e innovación. Mientras que sus instituciones más antiguas, como el Banco de Inglaterra y la Bolsa de Londres, continúan desempeñando roles fundamentales, nuevas empresas tecnológicas y startups financieras están transformando el paisaje económico. La convergencia de lo antiguo y lo moderno es una de las mayores fortalezas de la City, que ha logrado combinar la estabilidad de sus fundamentos históricos con la flexibilidad necesaria para adaptarse a las tendencias actuales. En este sentido, la City no solo mira hacia su pasado, sino también hacia su futuro, buscando constantemente formas de mantenerse a la vanguardia en un mundo en rápida evolución.

Al explorar la rica historia de la City de Londres, es imposible ignorar su impacto en el resto del mundo. Desde el financiamiento de expediciones marítimas en el siglo XVII hasta el desarrollo de tecnologías financieras avanzadas en el siglo XXI, la City ha sido una fuerza motriz en la configuración de la economía global. Este análisis no solo busca rendir homenaje a su legado, sino también comprender cómo sus lecciones históricas pueden aplicarse para enfrentar los desafíos del futuro. La City de Londres continúa siendo un faro de innovación y liderazgo, demostrando que, incluso en un mundo lleno de incertidumbre, la combinación de tradición y modernidad puede ser una fórmula ganadora para el éxito.

1. Fundamentos Históricos: Los Orígenes Romanos

1.1. Londinium: Fundación y primeros pasos (siglo I d.C.)

Londinium, el germen de lo que hoy conocemos como Londres, tuvo su origen en un contexto de conquista y expansión. Fue en el año 43 d.C., bajo el reinado del emperador Claudio, cuando las legiones romanas desembarcaron en Britania con el propósito de consolidar su control sobre esta isla rica en recursos. En aquel entonces, las tierras que rodeaban el río Támesis eran un paisaje de bosques y marismas habitado por tribus celtas, como los catuvellaunos y los trinovantes, que comerciaban esporádicamente con los romanos, pero que pronto se enfrentarían a la maquinaria militar del imperio.

La ubicación estratégica del río Támesis fue clave para la fundación de Londinium. El Támesis no solo ofrecía un acceso natural hacia el interior de la isla, sino que también era un punto ideal para conectar el comercio entre Britania y el resto del imperio. Los romanos, siempre pragmáticos en su planificación, identificaron rápidamente el potencial de este enclave. Fue en una colina baja en la ribera norte del río donde establecieron un campamento militar que, con el tiempo, se transformaría en una próspera ciudad portuaria.

A pesar de su modesto inicio, Londinium creció con rapidez. Una de las primeras prioridades de los romanos fue construir un puente que cruzara el Támesis, permitiendo el tránsito de mercancías, tropas y viajeros. Este puente, aunque sencillo en sus primeras versiones, sentó las bases para la estructura urbana que comenzaba a surgir en torno a él. Las calles fueron diseñadas siguiendo el patrón de cuadrícula característico de las ciudades romanas, organizando el espacio de manera funcional y eficiente. Pronto aparecieron edificios de madera y piedra, mercados y almacenes que daban vida a una ciudad que bullía de actividad.

Londinium no tardó en convertirse en un nodo clave del comercio romano. Desde sus muelles partían barcos cargados de metales como plomo y estaño, productos que eran altamente valorados en Roma. A cambio, llegaban a sus costas artículos de lujo como cerámicas, vinos, aceites y especias, que encontraban mercado entre los colonos romanos y las élites locales. Este intercambio constante no solo enriqueció a Londinium, sino que también atrajo a una población diversa de comerciantes, artesanos y soldados que provenían de distintas partes del imperio.

Sin embargo, los primeros pasos de Londinium no estuvieron exentos de desafíos. En el año 60 o 61 d.C., la ciudad fue brutalmente atacada y arrasada por la rebelión liderada por la reina Boudica de los icenos. Este levantamiento, motivado por abusos romanos hacia los pueblos celtas, dejó a Londinium en ruinas y a su población diezmada. La venganza de los romanos fue feroz, sofocando la revuelta con una violencia que marcó un antes y un después en su relación con las tribus locales. Pero los romanos, lejos de abandonar el asentamiento, aprovecharon la oportunidad para reconstruir Londinium con mayor ambición y solidez.

Tras la devastación, Londinium renació como una ciudad más robusta y organizada. Las nuevas murallas, construidas alrededor del siglo II, se levantaron no solo como una medida defensiva, sino también como una declaración de poder. Estas murallas, cuyos vestigios aún pueden verse en Londres, definieron el perímetro urbano y protegieron un espacio que albergaba foros, templos, termas y teatros. La ciudad alcanzó su apogeo durante los siglos II y III, convirtiéndose en una de las urbes más importantes del norte del imperio romano. Con una población estimada de 30,000 habitantes, Londinium era un verdadero crisol de culturas donde convivían romanos, britanos romanizados y comerciantes de tierras lejanas.

Además de su importancia comercial, Londinium desempeñó un papel clave en la administración de la provincia de Britania. Al ser designada capital provincial, se convirtió en el centro político y administrativo, desde donde los gobernadores romanos supervisaban las operaciones militares y la recaudación de impuestos. El foro y la basílica, los edificios administrativos más prominentes, eran testigos del flujo constante de decisiones y actividades que mantenían a la provincia bajo control.

La vida cotidiana en Londinium era un reflejo del orden y la sofisticación romana. Las calles principales estaban pavimentadas, y el sistema de alcantarillado aseguraba la higiene de la ciudad. Las termas públicas no solo eran lugares de baño, sino también de encuentro social, donde se discutían asuntos de negocios y política. Los mercados ofrecían una variedad de productos locales e importados, mientras que los templos dedicados a dioses romanos y celtas destacaban la fusión de tradiciones religiosas.

La red de comercio romana fue una de las estructuras más avanzadas y ambiciosas de la historia antigua, un sistema que conectó un vasto territorio desde Britania hasta las lejanas tierras de la India y China. Este entramado comercial no solo permitió el intercambio de bienes materiales, sino también de ideas, culturas y tecnologías, consolidando a Roma como el eje central de un mundo globalizado dentro de las limitaciones de la época.

El fundamento de esta red fue el eficiente sistema de vías romanas, una extensa red de carreteras construidas con una precisión y durabilidad que aún hoy sorprenden a los ingenieros modernos. Estas vías, pavimentadas con capas de piedra y dotadas de estaciones de descanso conocidas como "mansiones", facilitaban el transporte rápido y seguro de mercancías, tropas y viajeros. Cada camino no solo conectaba ciudades y regiones dentro del imperio, sino que también servía como arteria para el flujo de información y la administración imperial. Desde la Vía Apia en Italia hasta las rutas que cruzaban Hispania y las Galias, las vías romanas integraban el comercio local con el internacional.

Sin embargo, las rutas terrestres eran solo una parte de esta colosal red. El comercio marítimo desempeñaba un papel fundamental, especialmente en el Mediterráneo, al que los romanos denominaban "Mare Nostrum" (Nuestro Mar). Este mar era la columna vertebral del comercio a larga distancia, conectando los puertos más importantes del imperio, como Ostia, Alejandría,

Cartago y Tarraco. Desde estos puertos partían barcos cargados de productos esenciales como cereales, aceite de oliva, vino y cerámica, y regresaban con bienes exóticos de Egipto, Oriente Medio y más allá. Los cereales egipcios, en particular, eran un pilar de la economía romana, alimentando a las urbes densamente pobladas como Roma y Constantinopla.

El comercio no se limitaba al área mediterránea. Las rutas terrestres y fluviales permitían el transporte de bienes hacia las regiones más remotas del imperio. En Britania, por ejemplo, los metales como el estaño, el plomo y el hierro eran extraídos y enviados hacia el continente, mientras que productos como las pieles y el ámbar del norte de Europa también formaban parte de esta compleja red. Las ciudades portuarias en ríos como el Rin y el Danubio servían como puntos de entrada para mercancías y soldados, asegurando que incluso las regiones fronterizas estuvieran conectadas al sistema económico romano.

Más allá de las fronteras del imperio, la red de comercio romana se extendía hacia el este mediante rutas terrestres como la famosa Vía de la Seda, que conectaba Roma con China a través de una compleja red de intermediarios. Los romanos intercambiaban metales preciosos, vidrio y productos manufacturados por sedas, especias y piedras preciosas provenientes de Asia. Aunque los romanos rara vez viajaban más allá de Persia, los productos orientales llegaban a sus mercados a través de una serie de rutas indirectas que involucraban a comerciantes partos, indios y chinos.

Otro eje crucial del comercio exterior romano era el Océano Índico, al que accedían desde el Mar Rojo. Los puertos de Egipto, como Berenice y Myos Hormos, eran puntos de partida para barcos que navegaban hacia Arabia, la India y África oriental. Las especias como la pimienta, el incienso y la mirra, así como el marfil y los textiles de lujo, eran bienes muy codiciados en Roma. Estas expediciones marítimas eran facilitadas por los conocimientos de los vientos monzónicos, lo que permitía un viaje más rápido y eficiente.

La economía romana dependía en gran medida de este comercio a larga distancia, pero también existía un comercio local que conectaba las regiones productivas con los centros urbanos. Por ejemplo, las provincias de Hispania eran famosas por su producción de aceite de oliva y vino, mientras que la Galia exportaba cerámica y textiles. Cada región del imperio contribuía con bienes específicos que enriquecían el mosaico económico romano.

El comercio también tenía un impacto significativo en la vida cotidiana de las ciudades romanas. Los mercados locales, o "macella", eran el lugar donde los ciudadanos podían adquirir productos locales e importados. Los ricos podían permitirse bienes de lujo como especias orientales y marfil, mientras que los ciudadanos comunes tenían acceso a bienes básicos como el pan, el aceite y el vino. Este flujo constante de productos creó una economía urbana dinámica que sostenía a una población numerosa y diversa.

La eficiencia de la red comercial romana también estaba respaldada por un sistema de administración centralizado. Los impuestos sobre el comercio, así como los aranceles cobrados en los puertos, eran una fuente importante de ingresos para el imperio. Estos ingresos no solo financiaban las legiones y las obras públicas, sino que también permitían la redistribución de recursos a las regiones más necesitadas. Las monedas romanas, estandarizadas y ampliamente aceptadas, facilitaban las transacciones en todos los rincones del imperio.

Sin embargo, este sistema no estaba exento de desafíos. Las crisis políticas y económicas que comenzaron a afectar al imperio en el siglo III también impactaron en su comercio. Las incursiones de tribus germánicas y piratas sajones interrumpieron las rutas comerciales, mientras que la inflación y la devaluación de la moneda dificultaron las transacciones. A pesar de estos obstáculos, la red de comercio romana continuó funcionando, aunque con menor eficacia, hasta la caída del imperio en el siglo V.

El legado de esta red comercial perduró mucho después de la desaparición de Roma. Muchas de las rutas y estructuras creadas por los romanos siguieron siendo utilizadas durante la Edad Media, sirviendo como base para el desarrollo económico de Europa. Además, la idea de un sistema económico integrado y globalizado, aunque rudimentario en comparación con los estándares modernos, fue una innovación que influenció profundamente a las civilizaciones posteriores. En este sentido, la red de comercio romana no solo conectó un imperio, sino que también sentó las bases para un mundo interconectado.

1.2. Declive tras la caída del Imperio Romano (siglo V d.C.)

Sin embargo, la prosperidad de Londinium comenzó a declinar a partir del siglo III, cuando el imperio romano enfrentó crecientes amenazas externas e internas. Las incursiones de piratas sajones obligaron a fortalecer las defensas de la ciudad, mientras que las crisis económicas y políticas afectaron el comercio y la estabilidad. Aunque Londinium siguió siendo relevante, ya no brillaba con el esplendor de sus primeros siglos.

Finalmente, con la retirada romana de Britania a principios del siglo V, Londinium fue abandonada en gran parte. Los edificios públicos cayeron en desuso, y la población disminuyó drásticamente. Este declive no fue un evento aislado, sino el resultado de un colapso sistémico que afectó a todo el imperio romano de Occidente. La retirada de las legiones dejó a Londinium expuesta a las incursiones de tribus germánicas como los sajones, quienes no solo saquearon la ciudad, sino que también ocuparon sus alrededores. Sin el respaldo de un gobierno centralizado y con un comercio que se desmoronaba rápidamente, Londinium se transformó en una sombra de lo que había sido.

El declive de Londinium también estuvo marcado por un cambio en las prioridades de sus habitantes. Con la desaparición de la administración romana, la población local se dispersó hacia el campo, buscando subsistencia en la agricultura y alejándose de las ciudades que ya no ofrecían seguridad ni oportunidades económicas. Los edificios de piedra, antaño símbolos de la grandiosidad romana fueron abandonados o utilizados como canteras para construir asentamientos rurales. La vida urbana, que había sido el motor de la prosperidad de Londinium, dio paso a una existencia fragmentada y precaria.

A pesar de su abandono, Londinium no desapareció por completo. Las ruinas de la ciudad romana permanecieron como un recordatorio del pasado y, con el tiempo, algunas de sus estructuras fueron reutilizadas por los nuevos habitantes sajones. Sin embargo, la organización urbana y el dinamismo económico que habían caracterizado a Londinium bajo el dominio romano ya no eran evidentes. El declive tras la caída del imperio romano marcó el fin de una era y el comienzo de un período oscuro en la historia de Londres, un período en el que las glorias del pasado parecían haberse desvanecido por completo.

Sin embargo, el legado de Londinium no fue olvidado. La planificación urbana, las murallas y las vías que conectaban la ciudad con otros puntos de Britania sentaron las bases para futuros desarrollos. Siglos después, a medida que Inglaterra comenzaba a consolidarse como una entidad política y económica, las ruinas de Londinium servirían como cimientos sobre los cuales se construiría una nueva y pujante ciudad. La historia de Londinium, desde su fundación hasta su declive, es un recordatorio de cómo las ciudades pueden florecer y también caer, pero también de cómo sus vestigios pueden inspirar renacimientos inesperados.

2. Consolidación Medieval: Comercio y Monopolios

2.1. El renacer anglosajón y normando (siglos VII-XI)

El renacer anglosajón y normando, comprendido entre los siglos VII y XI, trajo consigo un resurgimiento económico en muchas regiones de las Islas Británicas, y una de las áreas más destacadas de este crecimiento fue la expansión del comercio fluvial en el Támesis. Este río, que ya había sido una arteria vital durante la ocupación romana, recuperó y amplió su importancia como eje de intercambio, conectando el interior de Inglaterra con los mercados continentales y fomentando la consolidación de centros urbanos como Londres.

El Támesis se benefició de la ubicación estratégica de Londres, que funcionaba como un punto de intersección entre rutas fluviales y marítimas. Los anglosajones, en su proceso de reestructuración política y económica tras las invasiones iniciales, establecieron una red de puertos y muelles a lo largo del río. Estos puertos, conocidos como "hythes", se convirtieron en puntos de entrada y salida para una variedad de mercancías, desde productos agrícolas hasta metales y bienes manufacturados. Algunos de estos hythes, como el que posteriormente daría nombre al distrito de Queenhithe en Londres, fueron fundamentales para el comercio local e internacional.

Durante este periodo, el comercio fluvial en el Támesis se vio impulsado por la creciente producción agrícola en las zonas circundantes. Los excedentes de cereales, lana y productos lácteos eran transportados por el río hacia Londres, donde eran redistribuidos o exportados a otras regiones de Inglaterra y Europa. Este flujo de bienes fue posible gracias al desarrollo de una flota de embarcaciones fluviales, diseñadas específicamente para navegar las aguas del Támesis. Estas naves, generalmente de fondo plano, facilitaban la carga y descarga en los muelles y permitían el transporte eficiente incluso en las secciones más poco profundas del río.

El Támesis también sirvió como una conexión clave con el comercio internacional, especialmente con las redes comerciales de los vikingos y, más tarde, de los normandos. Durante las incursiones vikingas, los barcos escandinavos utilizaron el Támesis tanto como ruta de saqueo como vía para establecer rutas comerciales. Los vikingos trajeron bienes exóticos como ámbar, pieles y esclavos, mientras que exportaban productos ingleses hacia Escandinavia y el Báltico. Este intercambio contribuyó al enriquecimiento de Londres y consolidó su posición como un nodo comercial.

Con la llegada de los normandos en el siglo XI, el comercio fluvial en el Támesis alcanzó nuevas alturas. La influencia normanda trajo una mayor organización y regulación del comercio. Los normandos fortalecieron las defensas fluviales y ampliaron la infraestructura portuaria, asegurando que el Támesis pudiera manejar un volumen creciente de mercancías. La construcción de puentes como el primer puente de Londres también facilitó el acceso y estimuló la actividad económica a lo largo del río.

La expansión del comercio fluvial en el Támesis durante este periodo no solo tuvo implicaciones económicas, sino también sociales y culturales. El río se convirtió en un punto de encuentro para comerciantes, artesanos y campesinos, generando una mayor interacción entre diferentes grupos y fomentando el intercambio de ideas y técnicas. Este dinamismo sentó las bases para el crecimiento continuo de Londres como un centro comercial de importancia internacional, una transformación que continuaría acelerándose en los siglos posteriores.

La influencia normanda en Inglaterra tras la conquista de 1066 marcó un punto de inflexión en la historia política, económica y cultural del reino. Liderados por Guillermo el Conquistador, los normandos no solo consolidaron su dominio mediante la fuerza militar, sino que también implementaron profundas reformas administrativas y legales que transformarían para siempre el paisaje institucional de Inglaterra. Entre estas reformas destaca la emisión de la Carta Real de 1067, un documento que no solo ratificaba ciertos privilegios para la ciudad de Londres, sino que también simbolizaba el reconocimiento normando de la importancia de esta urbe como centro neurálgico del comercio y el poder.

Guillermo, al tomar el trono, necesitó asegurar el apoyo de los principales enclaves urbanos de su nuevo reino, especialmente Londres, cuya posición estratégica y riqueza la convertía en un eje crucial para el control del territorio. La Carta Real de 1067, emitida poco después de su coronación en Westminster, es una muestra de esta estrategia. A través de este documento, Guillermo confirmó los derechos y privilegios de los ciudadanos de Londres, garantizando la continuidad de sus libertades y exenciones fiscales bajo el nuevo régimen. Este gesto no solo aseguró la lealtad de los londinenses, sino que también sentó las bases para una relación simbólica entre la monarquía normanda y la ciudad.

El texto de la Carta Real, traducido del latín medieval, reza lo siguiente:

"Guillermo, por la gracia de Dios, rey de los ingleses, a los alguaciles, magistrados, y a todos mis fieles habitantes de Londres, salve. Sepan que les otorgo todas las libertades que tuvieron en tiempos de Eduardo, mi predecesor. Confirmo que puedan tener y mantener sus derechos de manera justa y completa, sin interferencia alguna. Permanezcan libres de toda carga indebida, y que sus bienes y propiedades sean protegidos bajo mi reinado. En tanto cumplan con sus deberes hacia el reino, vivirán seguros bajo mi protección y la de mi corona. En testimonio de esto, he sellado esta carta con mi autoridad real. Dado en el año del Señor de 1067."

La importancia de esta carta va más allá de su contenido jurídico. Representa una declaración de continuidad en un momento de cambio radical. Aunque los normandos introdujeron nuevas estructuras de gobierno, incluido el sistema feudal y una renovada administración centralizada, también comprendieron la necesidad de respetar las costumbres locales y las instituciones que habían asegurado la prosperidad de regiones clave como Londres. La promesa de protección y la reafirmación de privilegios ayudaron a calmar los temores de los habitantes locales frente a la transición de poder.

Más allá de Londres, la influencia de Guillermo se dejó sentir en la forma en que reorganizó el comercio y la administración fiscal. Bajo su reinado, se iniciaron proyectos como la elaboración del Domesday Book en 1086, un registro detallado de propiedades y recursos que permitió una gestión más eficiente de los ingresos reales. Londres, gracias a su posición privilegiada en el río Támesis y su conexión con el comercio continental, se convirtió en un pilar fundamental de esta economía renovada.

El impacto de la Carta Real de 1067 y las medidas tomadas por Guillermo el Conquistador se sintió durante siglos. No solo consolidaron a Londres como el corazón económico y político de Inglaterra, sino que también establecieron un precedente de interacción entre el monarca y las principales ciudades del reino. Esta relación, basada en un delicado equilibrio entre concesiones y control, sería un tema recurrente en la historia inglesa, especialmente en los siglos posteriores, cuando Londres emergió como una de las principales metópolis del mundo.

2.2. La fundación de los gremios y el Guildhall (siglo XII)

La fundación de los gremios y la construcción del Guildhall en el siglo XII constituyen un hito fundamental en el desarrollo económico y social de Londres durante la Edad Media. Este periodo estuvo marcado por una reorganización de las estructuras comerciales y laborales que habían comenzado a tomar forma bajo los normandos, pero que adquirieron una nueva dimensión con la consolidación de los gremios. Estas organizaciones no solo regulaban el comercio y las artesanías, sino que también desempeñaban un papel crucial en la vida política y comunitaria de la ciudad.

Los gremios eran asociaciones de comerciantes y artesanos que se formaban con el objetivo de proteger los intereses de sus miembros, garantizar la calidad de los productos y servicios, y regular el acceso a los oficios. Estos grupos surgieron como una respuesta natural al creciente dinamismo económico de Londres, donde el comercio interno y externo había alcanzado niveles sin precedentes gracias a su conexión con las rutas fluviales y marítimas. Cada gremio representaba una profesión específica, como los orfebres, los carpinteros o los fabricantes de telas, y tenía reglas estrictas sobre quién podía ejercer el oficio, cómo debía hacerlo y cuáles eran los derechos y responsabilidades de sus miembros.

El Guildhall, cuyo origen también se remonta al siglo XII, fue concebido como un centro de reunión para estos gremios y como sede del gobierno municipal de Londres. La palabra "Guildhall" proviene del inglés antiguo "gild" o "guild", que significa "pago" o "tributo", reflejando la importancia de estas asociaciones en la recaudación de impuestos y la organización económica de la ciudad. Ubicado en el corazón de Londres, el Guildhall no solo era un espacio físico donde los líderes de los gremios se reunían para discutir asuntos comerciales y políticos, sino también un símbolo de la creciente autonomía y poder de la ciudad frente a la autoridad real.

La influencia de los gremios en la vida londinense iba más allá del ámbito económico. Estas organizaciones también tenían una dimensión social y religiosa significativa. Los gremios a menudo estaban vinculados a una iglesia o capilla específica, donde los miembros asistían a ceremonias religiosas y organizaban actos benéficos para apoyar a los más necesitados. Este papel comunitario ayudó a consolidar los gremios como instituciones respetadas y esenciales en la vida de la ciudad.

El Guildhall, en particular, se convirtió en un espacio polivalente que reflejaba el poder y la influencia de los gremios. Además de ser el lugar donde se celebraban reuniones y asambleas, también servía como tribunal para resolver disputas comerciales y como escenario de eventos ceremoniales y festivos. Con el tiempo, el Guildhall se transformó en un centro administrativo clave, donde se tomaban decisiones que afectaban no solo a Londres, sino también a su papel en el comercio internacional.

Uno de los aspectos más interesantes de los gremios londinenses es cómo lograron combinar la competencia económica con la cooperación institucional. Aunque los gremios individuales a menudo competían entre sí por el control de mercados específicos, también colaboraban en la defensa de los intereses comunes de la ciudad. Esto se evidenciaba en la participación conjunta en eventos como desfiles y procesiones, así como en la financiación de proyectos públicos, como la construcción de puentes, muelles y hospitales.

A medida que avanzaba el siglo XII, los gremios comenzaron a desempeñar un papel cada vez más prominente en la política municipal. Sus líderes, a menudo comerciantes ricos y bien conectados, fueron ascendiendo a posiciones de poder dentro del gobierno de la ciudad. Esta influencia culminó en la creación de la figura del Lord Mayor de Londres, un cargo que simbolizaba la unión entre el gobierno local y los gremios. El Guildhall se convirtió en la sede oficial de este liderazgo y en un lugar donde se celebraban las ceremonias de investidura del Lord Mayor, una tradición que perdura hasta nuestros días.

En resumen, la fundación de los gremios y la construcción del Guildhall en el siglo XII representan un capítulo crucial en la historia de Londres. Estas instituciones no solo transformaron la economía de la ciudad, sino que también redefinieron su estructura social y política. Al garantizar la calidad de los productos, proteger los derechos de los comerciantes y artesanos, y fomentar la cohesión comunitaria, los gremios sentaron las bases para el auge de Londres como uno de los principales centros comerciales y culturales de Europa. Por su parte, el Guildhall se consolidó como el corazón de esta transformación, uniendo las diversas fuerzas que dieron forma a la ciudad durante la Edad Media.

2.3. Primera red bancaria y financiera (siglos XIV-XV)

La formación de la primera red bancaria y financiera en los siglos XIV y XV fue un proceso multifacético que emergió como respuesta a una serie de transformaciones económicas, sociales y políticas que marcaron el final de la Edad Media. Londres, en particular, se convirtió en un nodo central de esta red gracias a su posición como un centro comercial dinámico y en crecimiento. Los precedentes de esta evolución, así como las causas y los motivos que impulsaron su desarrollo, ofrecen un panorama fascinante del cambio estructural que experimentó Europa en esta época.

Un antecedente clave de la red bancaria en Londres fue la creciente complejidad de las actividades comerciales. Desde el siglo XII, el comercio europeo había comenzado a expandirse más allá de las transacciones locales, dando lugar a redes de intercambio que abarcaban amplias regiones. Mercaderes italianos, flamencos y hanseáticos llegaban a Londres con bienes exóticos como sedas, especias y metales preciosos, mientras que Inglaterra exportaba productos como lana y estaño. Este comercio transnacional requería métodos más sofisticados para gestionar pagos, financiar expediciones y mitigar riesgos, lo que impulsó la adopción de instrumentos financieros como letras de cambio y pagarés.

Las causas subyacentes de este cambio también están profundamente relacionadas con la evolución de las instituciones comerciales y la creciente urbanización. A medida que las ciudades europeas crecían y se convertían en centros de producción y consumo, también aumentó la necesidad de sistemas financieros que permitieran la acumulación y transferencia de capital. En Londres, este proceso estuvo vinculado a la consolidación de gremios y corporaciones comerciales que necesitaban acceso a crédito para financiar sus operaciones. Los prestamistas individuales, muchos de los cuales eran extranjeros, desempeñaron un papel crucial en esta etapa inicial, proporcionando fondos tanto a comerciantes como a la Corona.

Un factor decisivo en la emergencia de la banca en Londres fue la presencia de comunidades italianas, particularmente florentinos, genoveses y venecianos. Estas comunidades introdujeron prácticas bancarias avanzadas que ya habían desarrollado en sus ciudades de origen, incluyendo sistemas de contabilidad por partida doble y el uso de contratos de sociedad para compartir riesgos. Las compañías italianas establecieron sucursales en Londres que actuaban como intermediarias en el comercio internacional y proporcionaban servicios financieros como préstamos y cambio de moneda. Estas oficinas no solo facilitaron las operaciones comerciales, sino que también influyeron en la adopción de prácticas financieras modernas en Inglaterra.

Entre los motivos que impulsaron la formación de esta red bancaria también destaca la necesidad de la monarquía de acceder a crédito para financiar guerras y otros proyectos ambiciosos. En el siglo XIV, los reyes ingleses recurrían frecuentemente a banqueros extranjeros y locales para obtener fondos. Un ejemplo notable es Eduardo III, quien contrató enormes deudas con banqueros florentinos para financiar la Guerra de los Cien Años. Aunque estas relaciones a veces resultaban en la quiebra de los prestamistas, también subrayaron la creciente importancia de Londres como un centro financiero internacional.

La consolidación de una red financiera también estuvo influenciada por la creciente sofisticación de los instrumentos legales y las estructuras institucionales. Durante este periodo, se desarrollaron tribunales especializados para resolver disputas comerciales y financieras, como el Tribunal de los Alguaciles (Court of Admiralty) y la jurisdicción de los alguaciles de Londres. Estos tribunales proporcionaron un marco legal confiable que fomentó la confianza entre los actores financieros y comerciales, facilitando así el desarrollo de transacciones más complejas.

Un aspecto fundamental de esta red financiera fue la introducción y el uso cada vez más extendido de las letras de cambio, un instrumento que permitía transferir dinero sin la necesidad de transportar monedas físicas. Esto no solo redujo el riesgo de robo durante los viajes comerciales, sino que también permitió a los comerciantes acceder a fondos en lugares distantes sin tener que depender de intermediarios locales. En Londres, las letras de cambio se convirtieron en una herramienta esencial para los mercaderes que operaban en mercados internacionales, conectando la ciudad con otras metópolis comerciales como Brujas, Génova y Venecia.

Finalmente, la construcción de infraestructuras físicas y administrativas también desempeñó un papel crucial. El establecimiento de oficinas comerciales, casas de cambio y almacenes en Londres facilitó el movimiento de bienes y capital. Al mismo tiempo, la aparición de registros contables más detallados y sistemas de auditoría ayudó a las instituciones financieras a operar con mayor eficiencia y transparencia.

El dominio de las casas bancarias italianas y flamencas durante los siglos XIV y XV es un fenómeno que refleja la convergencia de factores económicos, sociales y políticos que transformaron el panorama financiero de Europa y, en particular, de Londres. Estas casas bancarias, provenientes principalmente de ciudades como Florencia, Venecia, Génova y Brujas, lograron una preeminencia notable debido a su innovación en prácticas financieras, su capacidad para adaptarse a los mercados emergentes y su relación estrecha con las estructuras de poder de la época.

El ascenso de las casas bancarias italianas estuvo estrechamente vinculado a la revolución comercial del Mediterráneo. Las ciudades-estado italianas habían desarrollado una economía basada en el comercio marítimo, lo que les permitió acumular un capital considerable que luego fue invertido en la creación de instituciones bancarias. Estas casas bancarias ofrecían una amplia gama de servicios financieros que iban desde el cambio de moneda hasta la concesión de préstamos a comerciantes y monarcas. Un elemento clave de su éxito fue la introducción de la contabilidad por partida doble, una innovación que permitía un registro más preciso de las transacciones y una gestión más eficiente del riesgo.

En Londres, las casas italianas como los Bardi, los Peruzzi y, más tarde, los Medici, encontraron un terreno fértil para expandir sus operaciones. La ciudad había emergido como un importante centro de comercio gracias a su conexión con las rutas del Atlántico y su papel como exportador principal de lana, un bien altamente demandado en Europa. Las casas italianas se especializaron en financiar este comercio, proporcionando crédito a los mercaderes ingleses y facilitando transacciones internacionales mediante el uso de letras de cambio. Además, estas instituciones a menudo actuaban como banqueros de la monarquía inglesa, otorgando préstamos para financiar guerras y proyectos reales.

Por su parte, las casas bancarias flamencas, basadas en ciudades como Brujas, Gante y Amberes, también desempeñaron un papel crucial en el sistema financiero londinense. Los flamencos estaban estrechamente vinculados al comercio de lana inglesa, ya que gran parte de la producción de Inglaterra era exportada a los talleres textiles de Flandes. Estas casas bancarias ofrecían servicios de crédito y facilitaban el intercambio de bienes a través de una red comercial que conectaba Londres con los mercados del norte de Europa. Además, su experiencia en la gestión de ferias comerciales y su capacidad para movilizar grandes sumas de capital les otorgó una ventaja competitiva.

Una de las razones fundamentales del dominio de estas casas bancarias extranjeras fue su capacidad para operar a gran escala y con un grado de sofisticación que superaba al de las instituciones locales. En una época en la que los mercados financieros nacionales estaban en su infancia, las casas italianas y flamencas ya habían establecido redes internacionales que les permitían diversificar riesgos y acceder a una amplia gama de clientes. Estas redes estaban respaldadas por la confianza en la reputación de las familias que las dirigían, así como por la estabilidad de las instituciones legales y financieras en sus países de origen.

El apoyo político también jugó un papel importante en el éxito de estas casas. Los reyes y nobles europeos dependían en gran medida de los banqueros italianos y flamencos para financiar sus guerras y estilos de vida lujosos. En el caso de Inglaterra, la monarquía recurrió frecuentemente a estos prestamistas, otorgándoles privilegios especiales como exenciones fiscales y protección legal. Este apoyo oficial no solo consolidó la posición de estas casas bancarias en Londres, sino que también les permitió ejercer una influencia significativa en la política y la economía de la ciudad.

Otro factor que contribuyó al dominio de las casas italianas y flamencas fue su habilidad para innovar y adaptarse a las condiciones cambiantes del mercado. Por ejemplo, las casas italianas introdujeron contratos financieros avanzados, como los cómites y las sociedades en comandita, que permitían a los inversores participar en empresas comerciales sin asumir todo el riesgo. Estas innovaciones no solo facilitaron el flujo de capital, sino que también fomentaron un ambiente de mayor inversión y emprendimiento.

3. Era Moderna Temprana: La Expansión Comercial Global

3.1 La Compañía de las Indias Orientales. 1600.

Desde la época medieval, el comercio con Asia había sido una fuente de riqueza para Europa, proporcionando especias, sedas y otros bienes de lujo altamente demandados. Durante siglos, este comercio estuvo dominado por rutas terrestres, como la Ruta de la Seda, y controlado en gran medida por intermediarios árabes y otomanos. Sin embargo, el avance de las potencias europeas en el siglo XV, liderado por Portugal y España, abrió nuevas rutas marítimas hacia Asia. La expedición de Vasco da Gama en 1498, que conectó Europa con la India a través del Cabo de Buena Esperanza, marcó un punto de inflexión. Portugal estableció una serie de puestos comerciales en la costa de la India, consolidando un monopolio temprano sobre el comercio de especias.

El declive del poder portugués en el siglo XVI, debido a una combinación de excesiva expansión, corrupción administrativa y conflictos con otros estados europeos, abrió el camino para que otras potencias entraran en el comercio asiático. La unión dinástica entre España y Portugal en 1580 consolidó el monopolio ibérico, pero también provocó tensiones con otras naciones, particularmente Inglaterra y los Países Bajos, que buscaban acceso directo a las riquezas de Asia.

Inglaterra, a finales del siglo XVI, estaba ansiosa por expandir su influencia comercial y romper el monopolio ibérico. Bajo el reinado de Isabel I, el país había comenzado a desarrollar una marina poderosa, lo que le permitió competir en el comercio marítimo. El creciente éxito de otras compañías mercantiles, como la Compañía de Moscovia (fundada en 1555 para comerciar con Rusia), inspiró a los mercaderes ingleses a buscar nuevas oportunidades en el extranjero.

La guerra anglo-española (1585-1604) también desempeñó un papel crucial. Aunque el conflicto inicialmente obstaculizó el comercio exterior, también fomentó un espíritu de competencia económica y exploración. La derrota de la Armada Invencible en 1588 consolidó la posición de Inglaterra como una potencia naval emergente, lista para desafiar el dominio ibérico.

El 31 de diciembre de 1600, Isabel I otorgó una carta real a la Compañía de las Indias Orientales, concediéndole el monopolio del comercio con las regiones al este del Cabo de Buena Esperanza y al oeste del Estrecho de Magallanes. Esta carta no solo le otorgaba derechos exclusivos para comerciar, sino que también permitía a la compañía acuñar moneda, mantener tropas, establecer tratados y ejercer poder jurisdiccional en los territorios donde operaba. En esencia, la compañía funcionaba como un estado dentro de un estado, combinando actividades comerciales con funciones cuasi gubernamentales.

La fundación de la compañía fue impulsada por una combinación de factores económicos y políticos. Desde el punto de vista económico, el comercio de especias ofrecía la promesa de enormes beneficios, mientras que la competencia con los holandeses, que habían fundado su propia Compañía de las Indias Orientales (VOC) en 1602, subrayaba la necesidad de una organización similar en Inglaterra. Políticamente, la creación de la compañía reflejaba el deseo de consolidar el poder inglés en los mercados asiáticos y establecer un contrapeso frente a las potencias ibéricas y neerlandesas.

La Compañía de las Indias Orientales enfrentó numerosos desafíos en sus primeras décadas. Uno de los más significativos fue la rivalidad con la VOC. Las dos compañías compitieron ferozmente por el control del comercio de especias en el sudeste asiático, lo que llevó a enfrentamientos armados y tensiones diplomáticas. En 1623, el incidente de Amboina, en el que empleados ingleses de la compañía fueron ejecutados por autoridades neerlandesas en las Molucas, marcó un punto álgido en esta rivalidad y obligó a la compañía a centrarse en la India.

En la India, la compañía estableció sus primeros asentamientos en Surat (1612) y más tarde en Madrás, Calcuta y Bombay. Estas ciudades se convirtieron en el centro de operaciones comerciales y administrativas de la compañía, permitiéndole consolidar su posición en el subcontinente indio. La colaboración con gobernantes locales y el uso de la fuerza militar cuando era necesario garantizó el éxito de la compañía.

3.2. Creación de la Bolsa de Londres (1698)

Desde la época medieval, Londres había sido un importante centro de comercio y finanzas, pero el siglo XVII trajo consigo un nuevo nivel de complejidad y sofisticación en las transacciones comerciales. La expansión del comercio internacional, el surgimiento de grandes compañías comerciales como la Compañía de las Indias Orientales y el desarrollo de instrumentos financieros más avanzados crearon la necesidad de establecer un mercado organizado que pudiera satisfacer las demandas de una economía en crecimiento.

El comercio internacional florecía, impulsado por la expansión colonial y el auge de las compañías mercantiles que operaban en mercados lejanos. Estas compañías necesitaban financiar sus operaciones a través de la emisión de acciones, un sistema que permitía a los inversores compartir los riesgos y beneficios del comercio de larga distancia. Sin embargo, la ausencia de un mercado formal creaba incertidumbre y limitaba el acceso a las oportunidades de inversión. Los mercados informales, como los que existían en las cafeterías de Londres, eran puntos de encuentro populares para comerciantes y corredores, pero carecían de regulación y transparencia. En lugares como Jonathan's Coffee House y Garraway's, se negociaban acciones y bonos mientras se discutían las últimas noticias comerciales. Estas reuniones informales fueron los primeros pasos hacia la creación de un mercado estructurado, pero también evidenciaron la necesidad de un sistema más organizado.

El establecimiento del Banco de Inglaterra en 1694 fue otro factor clave que facilitó el desarrollo de la Bolsa de Londres. Este banco proporcionó un sistema bancario centralizado que respaldaba la emisión de crédito y el financiamiento del comercio. Al mismo tiempo, las casas bancarias privadas ofrecían servicios financieros especializados que permitían a los comerciantes acceder a capital para sus empresas. Este entorno financiero más sofisticado creó las condiciones ideales para la fundación de un mercado organizado que pudiera centralizar las operaciones y establecer estándares claros para la negociación de valores.

En 1698, John Castaing, un corredor de bolsa que trabajaba en Jonathan's Coffee House, dio un paso significativo al comenzar a publicar una lista de precios de acciones y mercancías conocida como "The Course of the Exchange and other things". Este documento se convirtió en una herramienta esencial para los inversores, ya que proporcionaba información regular y confiable sobre los precios de los valores negociados. La publicación de esta lista marcó el inicio de un mercado más formal y estructurado en Londres. Aunque las operaciones seguían realizándose en cafeterías, la creciente actividad comercial y el aumento del volumen de transacciones llevaron a los corredores de bolsa a buscar un espacio dedicado exclusivamente a las transacciones financieras. Este proceso culminó en 1773, cuando los corredores se mudaron a un edificio en Threadneedle Street, que se convirtió en la sede oficial de la Bolsa de Londres.

La fundación de la Bolsa respondió a una serie de necesidades apremiantes. En primer lugar, la expansión del comercio internacional había generado una demanda sin precedentes de capital. Las compañías comerciales necesitaban recaudar fondos para financiar sus operaciones, y los inversores buscaban un mercado seguro y eficiente donde pudieran comprar y vender acciones. En segundo lugar, la falta de regulación en los mercados informales había creado problemas de confianza y transparencia. Los fraudes y la especulación eran comunes, lo que desalentaba la participación de inversores serios. Un mercado formal podía ofrecer un entorno más seguro, con reglas claras y mecanismos para resolver disputas. Además, la creciente complejidad de las transacciones comerciales y los instrumentos financieros requería un nivel de organización que solo podía lograrse a través de la creación de una bolsa organizada.

Los actores clave en la fundación de la Bolsa incluyeron a comerciantes, banqueros y corredores de bolsa que comprendieron la importancia de un mercado organizado para el crecimiento económico. John Castaing desempeñó un papel crucial al establecer un sistema para la publicación de precios, mientras que otros corredores contribuyeron a desarrollar las reglas y procedimientos que regían las operaciones. El apoyo del gobierno también fue fundamental para el éxito de la Bolsa. La concesión de privilegios a compañías como la Compañía de las Indias Orientales y el Banco de Inglaterra creó un entorno favorable para el desarrollo del mercado, mientras que las leyes promulgadas para regular el comercio y proteger a los inversores ayudaron a consolidar la confianza en el sistema financiero.

La Bolsa de Londres se convirtió rápidamente en un pilar del sistema financiero británico y global. Su creación marcó un hito en la historia de los mercados financieros, ya que proporcionó una plataforma organizada para la negociación de valores y facilitó la movilización de capital para proyectos comerciales e industriales. Este mercado no solo respondió a las necesidades económicas de su época, sino que también sentó las bases para el desarrollo de otros mercados financieros en Europa y América. La historia de su fundación refleja la evolución de los mercados financieros y su papel fundamental en el crecimiento económico y el desarrollo global.

El desarrollo del comercio de acciones y materias primas representa una de las transformaciones más significativas en la historia económica mundial, marcando el paso de economías locales y fragmentadas a sistemas globales integrados. Este proceso, que comenzó de manera rudimentaria en la antigüedad, adquirió una estructura más definida durante la Edad Moderna, evolucionando paralelamente al crecimiento del comercio internacional, la expansión colonial y la innovación financiera. Las primeras manifestaciones de comercio organizado de bienes y valores sentaron las bases para los modernos mercados bursátiles y de materias primas.

El intercambio de productos básicos como grano, sal, metales preciosos y especies es tan antiguo como la civilización misma. En Mesopotamia, hacia el tercer milenio a.C., ya existía un sistema de comercio que involucraba contratos escritos y garantías, precursando la idea de los mercados organizados. En el Imperio Romano, se desarrollaron redes comerciales que permitían el flujo constante de mercancías desde las provincias hacia la capital, estableciendo los cimientos para una economía monetaria basada en la oferta y la demanda. Sin embargo, estas transacciones se limitaban a bienes físicos y carecían de los complejos mecanismos financieros que definirían el comercio de acciones siglos después.

Con el auge del comercio medieval, las ferias europeas de ciudades como Brujas, Amberes y Lyon se convirtieron en centros neurálgicos para el intercambio de bienes. Estas ferias no solo facilitaban el comercio de productos, sino que también fomentaban el desarrollo de instrumentos financieros, como letras de cambio y pagarés, que permitían transacciones a crédito entre comerciantes de diferentes regiones. Este periodo también vio el surgimiento de los primeros bancos, que actuaban como intermediarios en estas operaciones y brindaban servicios de custodia y préstamo.

El Renacimiento marcó un punto de inflexión en el comercio de materias primas y valores con la consolidación de ciudades como Florencia, Venecia y Génova como epicentros financieros. Las casas bancarias italianas jugaron un papel crucial en el financiamiento del comercio internacional, mientras que los mercaderes flamencos dominaron el intercambio de lanas y textiles. En este contexto, surgió la necesidad de mercados más estructurados que pudieran centralizar las operaciones y proporcionar transparencia a los participantes. La creación de bolsas en ciudades como Amberes en 1531 y Ámsterdam en 1602 respondió a esta demanda. La Bolsa de Ámsterdam, en particular, representó un avance significativo, ya que permitió la negociación de acciones de la Compañía Neerlandesa de las Indias Orientales, considerada la primera sociedad anónima del mundo.

El comercio de materias primas también experimentó una evolución notable durante este periodo. La expansión colonial europea trajo consigo una creciente demanda de productos como el azúcar, el café, el tabaco y los metales preciosos. Las potencias coloniales establecieron monopolios comerciales que controlaban el flujo de estas materias primas desde las colonias hacia Europa. Este sistema, aunque altamente lucrativo para las naciones colonizadoras, también dio lugar a mercados especulativos, donde los inversores apostaban por los precios futuros de estos productos. Las compañías comerciales, como la Compañía Británica de las Indias Orientales, jugaron un papel dual como comerciantes y emisores de valores, permitiendo a los inversores participar en las ganancias del comercio transoceánico.

El siglo XVII fue testigo de una mayor sofisticación en el comercio de acciones y materias primas. En Inglaterra, el crecimiento del comercio internacional y la expansión de las compañías mercantiles generaron una mayor demanda de capital. Los mercados informales, que inicialmente operaban en las cafeterías de Londres, comenzaron a consolidarse en estructuras más organizadas, culminando con la creación de la Bolsa de Londres en 1698. Este mercado proporcionó un espacio dedicado para la negociación de acciones y bonos, estableciendo reglas y procedimientos que garantizaban la transparencia y la equidad en las transacciones.

Paralelamente, el comercio de materias primas se institucionalizó con la creación de mercados especializados en productos como el trigo, el café y el azúcar. Estos mercados permitieron a los agricultores, comerciantes e inversores gestionar el riesgo asociado con las fluctuaciones de precios a través de contratos a futuro. La introducción de estos instrumentos financieros revolucionó el comercio de materias primas, brindando estabilidad a los mercados y permitiendo a los participantes planificar con mayor certeza.

El siglo XVIII trajo consigo una expansión sin precedentes en el comercio de acciones y materias primas, impulsada por la Revolución Industrial y el crecimiento del comercio global. La demanda de recursos como el carbón, el hierro y el algodón se disparó, lo que llevó al establecimiento de nuevos mercados y bolsas en ciudades industriales. Al mismo tiempo, la proliferación de empresas públicas y privadas amplió el alcance del comercio de acciones, permitiendo a un número cada vez mayor de personas participar en la inversión financiera.

El comercio de acciones y materias primas continuó evolucionando durante los siglos XIX y XX, con la introducción de tecnologías como el telégrafo y, más tarde, las plataformas digitales. Estos avances permitieron una mayor integración de los mercados globales, redujeron las barreras geográficas y mejoraron la eficiencia de las transacciones. Hoy en día, el comercio de acciones y materias primas es un componente esencial de la economía mundial, respaldado por una infraestructura financiera que combina la tradición histórica con la innovación tecnológica.

3.3. El Banco de Inglaterra (1694)

La creación del Banco de Inglaterra en 1694 marcó un hito fundamental en la historia financiera del Reino Unido y del mundo, al establecer una institución central capaz de respaldar las necesidades económicas y militares de un país en pleno proceso de expansión. Este evento fue el resultado de una combinación de causas políticas, económicas y sociales, así como de la creciente necesidad de contar con un sistema financiero más estable y eficiente para respaldar las ambiciones de Inglaterra como potencia global. Sin embargo, el camino hacia su fundación no estuvo exento de dificultades, enfrentando resistencias políticas, técnicas y culturales que moldearon el carácter de esta institución.

En el contexto político, Inglaterra a finales del siglo XVII se encontraba inmersa en un periodo de intensas transformaciones. Tras la Revolución Gloriosa de 1688, que consolidó el poder del Parlamento frente a la monarquía, el país adoptó un modelo de gobernanza más orientado hacia la representación y el control legislativo. Esta nueva estructura requería una mayor transparencia y estabilidad en la administración de las finanzas públicas, particularmente en un momento en que Inglaterra buscaba expandir su influencia militar y comercial en el escenario europeo e internacional. Las guerras con Francia, especialmente la Guerra de los Nueve Años (1688-1697), representaban un enorme esfuerzo financiero que demandaba recursos constantes y confiables.

La necesidad inmediata que catalizó la creación del Banco de Inglaterra fue, precisamente, el financiamiento de la guerra. En 1694, el gobierno británico enfrentaba una crisis fiscal: los ingresos provenientes de impuestos eran insuficientes para cubrir los gastos militares, y los intentos de obtener préstamos de particulares y banqueros privados se encontraban limitados por la falta de confianza en la capacidad de pago del gobierno. En este contexto, el economista escocés William Paterson propuso la creación de un banco central que pudiera actuar como prestamista de última instancia para el gobierno, emitiendo deuda respaldada por la confianza en la economía británica.

El diseño del Banco de Inglaterra estaba basado en modelos ya existentes en Europa, como el Banco de Ámsterdam (establecido en 1609) y el Banco de Estocolmo (fundado en 1668). Sin embargo, la propuesta de Paterson tenía una característica innovadora: el Banco no solo recaudaría capital de inversores privados mediante la emisión de acciones, sino que también podría emitir billetes respaldados por su reserva de oro y plata. Estos billetes serían aceptados como medio de pago, creando así una forma de dinero fiduciario que aumentaría la liquidez en la economía.

A pesar de su ingenio, la propuesta enfrentó numerosas dificultades. Una de las principales barreras fue la resistencia política de aquellos que veían en el Banco una amenaza a los intereses establecidos. Los banqueros privados y los prestamistas tradicionales temían perder su influencia, mientras que algunos sectores del Parlamento desconfiaban de la concentración de poder financiero en una sola institución. Además, había un fuerte debate sobre la viabilidad de un sistema basado en billetes emitidos por el Banco, ya que muchos consideraban que la emisión de dinero sin respaldo físico suficiente podría conducir a la inflación y a la desestabilización económica.

Otra dificultad importante fue la recaudación del capital inicial necesario para fundar el Banco. La propuesta requería reunir 1,2 millones de libras, una suma considerable para la época. Este capital sería suscrito por particulares que, a cambio, recibirían acciones del Banco y un interés fijo sobre su inversión. La respuesta del público fue notablemente rápida: en tan solo unos días, el total del capital fue suscrito, demostrando la confianza de los inversores en el potencial del proyecto.

La Carta Real de 1694 otorgó al Banco de Inglaterra el derecho exclusivo de emitir billetes en Londres, así como el mandato de actuar como banquero del gobierno. Este estatus le permitió desempeñar un papel central en la administración de la deuda pública, facilitando el financiamiento de las operaciones militares y estabilizando las finanzas del Estado. Sin embargo, en sus primeros años, el Banco enfrentó desafíos significativos, incluyendo la competencia de otras instituciones financieras y la necesidad de establecer su credibilidad entre el público y los mercados.

El impacto del Banco de Inglaterra fue inmediato y duradero. Al proporcionar un mecanismo confiable para el financiamiento del gobierno, el Banco ayudó a consolidar la posición de Inglaterra como una potencia militar y económica. Además, su capacidad para emitir billetes y gestionar la deuda pública sentó las bases para el desarrollo del moderno sistema bancario y financiero. A pesar de las críticas iniciales y las dificultades enfrentadas, el Banco de Inglaterra se convirtió en un modelo para otros países, influyendo en la creación de bancos centrales en todo el mundo.

En resumen, la creación del Banco de Inglaterra fue una respuesta pragmática a las urgencias fiscales y militares de su época, pero también representó un avance conceptual en la manera de entender y gestionar la economía. Las causas que llevaron a su fundación, las necesidades que buscaba cubrir y las dificultades que enfrentó reflejan la complejidad de un momento histórico en el que Inglaterra comenzaba a consolidarse como una de las primeras economías modernas del mundo.

En sus primeros tiempos, el Banco de Inglaterra se enfrentó a una serie de desafíos que pusieron a prueba tanto su estabilidad como su capacidad para cumplir con el ambicioso mandato que le había sido asignado. Fundado en 1694, su creación fue una respuesta a la urgente necesidad de financiamiento para la Guerra de los Nueve Años, una contienda que drenaba las arcas del gobierno británico. Aunque el Banco había logrado recaudar con éxito el capital inicial necesario, las primeras operaciones estuvieron marcadas por la incertidumbre, ya que los inversores y el público en general eran cautelosos respecto a la nueva institución.

Una de las principales dificultades fue la competencia con otras entidades financieras existentes, como los banqueros privados y las casas de comercio, quienes consideraban al Banco una amenaza a sus intereses. A esto se sumaba la resistencia cultural hacia la idea de centralizar el control financiero en una única institución. En una sociedad acostumbrada a la descentralización y a la independencia de los actores económicos, la existencia del Banco generaba tensión entre los sectores más tradicionales.
El Banco también tuvo que lidiar con la fragilidad económica de la época. La emisión de billetes respaldados por sus reservas de oro y plata era una innovación que no estaba exenta de riesgos. La confianza del público en el valor de estos billetes era crucial, pero no estaba garantizada. En varias ocasiones, el Banco enfrentó retiros masivos de fondos que amenazaron con agotar sus reservas. Estos episodios, conocidos como "pánicos financieros", fueron un recordatorio constante de la necesidad de mantener una administración prudente y una comunicación clara con el público y los mercados.

A pesar de estos desafíos, el Banco de Inglaterra logró consolidarse gracias a su función como prestamista de última instancia para el gobierno. Este papel le permitió establecer una relación de confianza con el Estado, que se tradujo en una creciente estabilidad financiera. Además, el Banco empezó a desempeñar un papel central en la administración de la deuda pública, emitiendo bonos que permitían al gobierno financiar sus operaciones mientras ofrecía a los inversores una forma segura de colocar su capital.

Con el tiempo, el Banco amplió su influencia más allá de Londres y comenzó a desempeñar un papel crucial en la economía británica en su conjunto. Durante el siglo XVIII, la economía de Inglaterra experimentó una rápida expansión impulsada por la Revolución Industrial, y el Banco de Inglaterra se convirtió en un pilar fundamental para facilitar el crecimiento económico. Su capacidad para gestionar la oferta monetaria y actuar como regulador del sistema financiero le permitió responder a las demandas de una economía en constante transformación.

A lo largo de los siglos XIX y XX, el Banco de Inglaterra continuó adaptándose a los cambios en el panorama económico y político. En 1844, el Acta de la Carta Bancaria formalizó su monopolio sobre la emisión de billetes en Inglaterra y Gales, consolidando su papel como banco central. Durante la Primera y Segunda Guerra Mundial, el Banco desempeñó un papel crucial en el financiamiento de los esfuerzos bélicos, lo que reafirmó su posición como una institución clave en la supervivencia económica y política del país.

En el periodo posterior a la Segunda Guerra Mundial, el Banco de Inglaterra fue nacionalizado en 1946, lo que marcó un cambio significativo en su relación con el gobierno. Bajo control estatal, el Banco se enfocó en la gestión de la economía en un sentido más amplio, incluyendo el control de la inflación y la promoción del empleo. Este periodo también vio el desarrollo de nuevas herramientas para la política monetaria, como las tasas de interés, que se convirtieron en un instrumento clave para influir en la economía.

En la actualidad, el Banco de Inglaterra sigue siendo una de las instituciones financieras más importantes del mundo. Con sede en Londres, en el icónico edificio conocido como "la vieja dama de Threadneedle Street", el Banco es responsable de la política monetaria del Reino Unido, la regulación de los bancos comerciales y la emisión de billetes. Su independencia, formalizada en 1997, le permite tomar decisiones sobre tasas de interés sin interferencia política directa, lo que ha reforzado su credibilidad en los mercados internacionales.

El Banco también enfrenta nuevos desafíos en el siglo XXI, incluyendo la gestión de los riesgos asociados con el cambio climático, la regulación de las criptomonedas y la adaptación a las consecuencias económicas del Brexit. Sin embargo, su historia de resiliencia y adaptación sugiere que continuará desempeñando un papel vital en la economía global durante los próximos años.

4. Revolución Industrial y Auge Financiero

4.1. Industrialización y la City como epicentro económico (siglos XVIII-XIX)

Durante los siglos XVIII y XIX, la industrialización transformó radicalmente la economía británica, consolidando a la City de Londres como el epicentro financiero y económico del Reino Unido y del mundo. Este período de expansión industrial no solo impulsó el crecimiento económico interno, sino que también reconfiguró las estructuras financieras, llevando a una centralización del negocio bancario en la City. Esta transformación fue producto de una serie de factores interconectados, desde el auge del comercio internacional hasta la necesidad de financiamiento para proyectos industriales a gran escala.

El surgimiento de la Revolución Industrial en Inglaterra creó una demanda sin precedentes de capital para financiar nuevas tecnologías, fábricas y redes de transporte como ferrocarriles y canales. Este cambio estructural impulsó la necesidad de instituciones financieras más sofisticadas y centralizadas que pudieran manejar el volumen y la complejidad de las transacciones económicas. La City, ya establecida como un centro comercial gracias a su posición estratégica en el río Támesis y su conexión con los mercados internacionales, se convirtió en el lugar ideal para concentrar estas actividades.

La centralización del negocio bancario en la City fue facilitada por la evolución de las instituciones financieras existentes y la creación de nuevas entidades. Bancos privados que habían operado durante siglos comenzaron a expandir sus operaciones, mientras que los bancos conjuntos, una innovación del siglo XIX, introdujeron una estructura corporativa que permitía recaudar grandes sumas de capital a través de la venta de acciones. Estas instituciones no solo proporcionaban préstamos y servicios bancarios tradicionales, sino que también desempeñaban un papel crucial en la emisión de bonos y la financiación de empresas.

El papel del Banco de Inglaterra también fue fundamental en este proceso. Como el banco central del país, el Banco de Inglaterra se convirtió en el prestamista de última instancia y el regulador principal del sistema financiero. Su capacidad para garantizar la estabilidad del sistema bancario atrajo a más inversores y consolidó la confianza en las instituciones financieras de la City. Además, el Banco proporcionó los servicios necesarios para gestionar la deuda pública, que creció significativamente durante este período debido a las guerras napoleónicas y la expansión del Imperio Británico.

La infraestructura física de la City también jugó un papel en su ascenso como centro financiero. La construcción de edificios icónicos como el Royal Exchange y las oficinas centrales de varios bancos importantes reforzó la identidad de la City como el corazón económico del país. Estas estructuras no solo simbolizaban la riqueza y el poder económico de la City, sino que también proporcionaban un espacio para la interacción entre comerciantes, banqueros y empresarios.

El comercio internacional fue otro factor clave en el desarrollo de la City. Londres se convirtió en el principal mercado de materias primas como el algodón, el azúcar y el trigo, productos que eran fundamentales para la economía industrial británica. Las aseguradoras, lideradas por instituciones como Lloyd's of London, desempeñaron un papel crucial en la mitigación de riesgos asociados con el comercio marítimo, lo que fomentó aún más la expansión del comercio global. Estas actividades comerciales atrajeron a inversores de todo el mundo, consolidando a Londres como un centro financiero internacional.

La red de transporte en constante mejora también contribuyó a la centralización del negocio bancario en la City. El desarrollo de los ferrocarriles y la mejora de los sistemas de comunicación, como el telégrafo, permitieron que las transacciones financieras y comerciales se realizaran con una rapidez y eficiencia sin precedentes. Esto hizo que operar desde la City fuera aún más ventajoso para las instituciones financieras y las empresas.

Sin embargo, este proceso no estuvo exento de dificultades. La centralización del poder financiero en la City también generó desigualdades económicas y tensiones sociales. La concentración de riqueza en Londres contrastaba con las condiciones de pobreza en otras partes del país, lo que provocó críticas hacia el sistema económico. Además, la dependencia de la City en los mercados internacionales la hacía vulnerable a las fluctuaciones económicas globales, como se vio durante las crisis financieras de finales del siglo XIX.

A pesar de estos desafíos, la City de Londres logró mantener su posición como el centro financiero más importante del mundo a lo largo del siglo XIX. Su capacidad para adaptarse a los cambios económicos y tecnológicos, combinada con su conexión con una red global de comercio e inversión, aseguró su relevancia en una era de transformación económica sin precedentes.

4.2 Ley de Sociedades de 1844 y expansión corporativa.

La Ley de Sociedades de 1844 marcó un punto de inflexión en la historia económica y corporativa de Gran Bretaña, un evento crucial que transformó el panorama empresarial del país y sentó las bases para el capitalismo moderno. Este hito legislativo no solo facilitó la creación y gestión de empresas, sino que también respondió a la necesidad de un marco más sólido, justo y accesible para regular las actividades corporativas en un contexto de rápida industrialización y expansión comercial. La ley representó una respuesta directa a las demandas de un entorno económico en el que la innovación, el comercio y la inversión estaban superando las estructuras tradicionales y generando tanto oportunidades como riesgos sin precedentes.

Antes de la promulgación de la Ley de Sociedades, la creación de una empresa con responsabilidad limitada en Gran Bretaña era un proceso complicado, costoso y limitado a un pequeño grupo de élites. Tradicionalmente, las empresas se constituían mediante cartas reales, actos parlamentarios específicos o asociaciones contractuales informales. Estos métodos, aunque funcionales en un mundo preindustrial, resultaban inadecuados para las necesidades de un país que había emergido como la primera economía industrial del mundo. Las crecientes demandas de capital, infraestructura y comercio internacional requerían un sistema más inclusivo y eficiente para permitir que los emprendedores y los inversores participaran en el desarrollo económico.

La Ley de Sociedades de 1844, promovida por el entonces presidente de la Junta de Comercio, William Ewart Gladstone, abordó estas deficiencias al establecer un procedimiento uniforme para la incorporación de empresas. La ley permitió que cualquier grupo de individuos formara una empresa mediante un proceso relativamente sencillo de registro en el Registro de Sociedades. Esto significó que las empresas ya no necesitaban buscar una carta real o una aprobación parlamentaria específica, eliminando barreras significativas para la entrada al mercado. Además, al exigir que las empresas presentaran memorandos de asociación y estatutos, la ley introdujo un grado de transparencia y previsibilidad que hasta entonces había sido poco común.

Uno de los aspectos más revolucionarios de la Ley de Sociedades fue la introducción del concepto de personalidad jurídica separada. Este principio legal estableció que una empresa incorporada se consideraba una entidad distinta de sus propietarios, con capacidad para poseer bienes, contratar, demandar y ser demandada. Esta distinción entre la empresa y sus accionistas no solo facilitó la gestión empresarial, sino que también protegió a los inversores al limitar su responsabilidad a la cantidad invertida en acciones. Aunque la responsabilidad limitada propiamente dicha se formalizó completamente en la Ley de Sociedades de 1855, la ley de 1844 sentó las bases conceptuales para este avance crucial.

La implementación de esta ley tuvo un impacto profundo en la economía británica y más allá. En primer lugar, facilitó el acceso al capital para proyectos ambiciosos que antes habrían sido difíciles o imposibles de financiar. Industrias clave como los ferrocarriles, la minería y la manufactura se beneficiaron enormemente de la capacidad de atraer inversores a través de empresas constituidas bajo el nuevo marco legal. Este aumento en la disponibilidad de capital no solo permitió el crecimiento de empresas individuales, sino que también impulsó la innovación tecnológica y la expansión comercial a nivel nacional e internacional.

Sin embargo, la Ley de Sociedades de 1844 no estuvo exenta de críticas y desafíos. Uno de los problemas iniciales fue la falta de medidas efectivas para garantizar la rendición de cuentas y la transparencia en la gestión empresarial. Aunque la ley exigía la presentación de informes financieros, no especificaba estándares contables claros ni establecía mecanismos de auditoría obligatorios. Esto llevó a casos de fraude y mala gestión, minando temporalmente la confianza en el nuevo sistema. Estos problemas se abordaron en parte mediante reformas posteriores, incluida la Ley de Sociedades de 1856, que introdujo requisitos más estrictos de divulgación y supervisión.

El impacto de la Ley de Sociedades no se limitó a Gran Bretaña. Su influencia se extendió a otras economías industriales emergentes, sirviendo como modelo para legislaciones similares en países como los Estados Unidos, Alemania y Francia. La adopción de marcos legales inspirados en la ley británica facilitó la expansión del comercio y la inversión transnacional, fomentando un sistema económico global más interconectado.

Además de los cambios estructurales que introdujo, la Ley de Sociedades también tuvo un impacto significativo en la cultura empresarial de la época. Al democratizar el acceso a la creación de empresas, la ley fomentó un espíritu emprendedor más amplio y permitió que una gama más diversa de actores participara en el desarrollo económico. Esto no solo benefició a los sectores industriales establecidos, sino que también abrió nuevas oportunidades en áreas como la banca, los seguros y los servicios financieros, consolidando a la City de Londres como un centro global de actividad económica.

En última instancia, la Ley de Sociedades de 1844 marcó el comienzo de una nueva era en la que las empresas no solo se convirtieron en motores de desarrollo económico, sino también en instituciones centrales de la vida social y política. Al proporcionar un marco legal más accesible, transparente y eficiente, la ley no solo respondió a las necesidades inmediatas de la industrialización, sino que también sentó las bases para un sistema económico más dinámico e inclusivo, cuyas influencias siguen siendo evidentes en el mundo contemporáneo.

4.3. La City como líder financiero global (siglo XIX)

En el ocaso del imperio Británico, banqueros, abogados, brokers, traders, contables, etc. de la City de Londres crearon una telaraña de jurisdicciones secretas para captar la riqueza del mundo y canalizarla a través de Londres. Por más de 300 años Gran Bretaña dominó, sus ejércitos conquistaron y sus banqueros proclamaron el poder de la moneda británica, la Libra Esterlina.

Pero un día todo comenzó a desmoronarse. Uno a uno los países fueron declarando su independencia de Gran Bretaña. El uso de la fuerza no pudo neutralizar esa marea, mientras las élites británicas vieron su riqueza, privilegios e imperio desintegrarse.

Empezaron a buscar un nuevo papel en un mundo cambiante, y lo encontraron en las finanzas.

Este libro trata de explicar cómo Gran Bretaña pasó de una gran potencia colonial a una potencia económica, y como este cambio creó el mundo en que vivimos hoy en día. En los días del imperio británico, la City de Londres fue el mayor centro financiero del mundo. La City de Londres era el corazón financiero del imperio británico. Los historiadores Caen y Hopkins la llamaron "el gobernador del motor imperial los países en el imperio" y utilizaban la línea esterlina, y la City de Londres fue el inversionista, no solo dentro de ese imperio, sino también fuera de la zona esterlina.

Mientras el imperio británico decaía, también lo hacía la City de Londres a medida que los disturbios diarios se generalizaban. Por ejemplo en Chipre, jóvenes participaban activamente en actos de violencia, después de una batalla de piedras con la policía militar británica…

Con el declive del Imperio, los intereses comerciales británicos empiezan a peligrar. En 1956, Egipto nacionalizó el canal de Suez y surgió una nueva crisis en Oriente Medio cuando el presidente Nasser toma el control de canal que estaba bajo control internacional de Francia y Gran Bretaña.

Se emite un ultimátum de 12 horas. Pocas horas después de cumplirse, aviones de guerra de Gran Bretaña y Francia se dirigen a Egipto y sus bombarderos atacan 5 ciudades clave, incluida El Cairo.

Los Estados Unidos se oponen a la invasión, y presionan a Gran Bretaña y a Francia para que retiraran sus tropas. Estados Unidos no se iba a involucrar em aquellas hostilidades y era su esperanza e intención que ante la asamblea de las Naciones Unidas se arreglen todos estos problemas. Gran Bretaña fue humillada, y la crisis de Suez significó el fin de Gran Bretaña en su papel como una de las principales potencias del mundo.

Después de Suez hubo pánico con la crisis y con la libra esterlina. Algunos sospechaban que el gobierno estadounidense alentaba ese pánico, y a medida que los inversores retiraron dinero de Gran Bretaña, el valor de la libra disminuyó.

Para proteger el valor de la Libra, Gran Bretaña limitó los préstamos de sus bancos, no pudieron invertir en el extranjero, lo que naturalmente no los satisfizo. Se desconoce exactamente el contexto, pero es muy claro que los bancos -o sus representantes- presentaron una queja al Banco de Inglaterra, que a su vez estaba dominado por representantes de la industria bancaria.

Se llegó a un acuerdo, que no dejaron por escrito, de que si los bancos intermediaban entre dos "no residentes" en moneda extranjera, en este caso el

Dólar Americano, esta intermediación, este acuerdo en particular, no sería considerado por el Banco de Inglaterra dentro de su jurisdicción.

Los bancos comenzaron a crear un mercado de dólares en Londres, pero era el mercado del "eurodólar". Para diferenciar las actividades de mercado del eurodólar de sus actividades bancarias nacionales, los bancos mantenían dos conjuntos de cuentas.

El Banco de Inglaterra, que es el Regulador de Reino Unido, declaró que las cuentas del mercado del eurodólar de Londres no estaban en Londres, sino en otra parte y, por lo tanto no tenía la responsabilidad de regularlas.

Se trata de proporcionar un espacio legal en el que se hace creer que la actividad se lleva a cabo, y la importancia de eso es que, se finge que esto no sucede en la economía donde realmente está teniendo lugar, así que se pretende que la actividad del lugar en el que se regula y se graba está ocurriendo en otra parte en realidad.

No importa dónde mientras sea cualquier otro lugar.

Cuando los bancos estadounidenses se dieron cuenta de que Londres ofrecía la capacidad de evitar las regulaciones de Estados Unidos, trasladaron sus operaciones internacionales a la City. Casi al mismo tiempo que los bancos estadounidenses estaban trasladando sus operaciones internacionales a Londres, otro nuevo tipo de espacio financiero comenzó a surgir lejos de Londres en los territorios de ultramar de Gran Bretaña.

Los remanentes del imperio en la década de los 60, las islas Caimán era un remanso completo.

Contables, Auditores y Abogados de Londres llegaron a las islas Caimán y otros dominios británicos, y comenzaron a redactar un conjunto de leyes y reglamentos financieros secretos.

Debido a que el gancho principal era el secreto se llamaron jurisdicciones secretas. Lo que las islas Caimán hacía era sencillamente actividad ilegal dinero de Narcotráfico, tráfico de armas a gran escala, evasión de impuestos total…

El Banco de Inglaterra, que observaba los desarrollos desde Londres, señaló un Informe de Mercado señalado como secreto, y fechado el 11 de abril de 1969, y dice "Tenemos que estar muy seguros de que la posible creación de Sociedades Fiduciarias, bancos y demás, que la mayoría de los casos no son más que empresas fantasmas, manipulando activos fuera de las islas, no se nos vaya de las manos."

No hay por supuesto objeción a que suministren escondite a los no residentes, pero tenían que estar seguros de que este modo no estuviesen creando oportunidades para la transferencia de capital del Reino Unido a zonas que no se rigen por la libra y las normas del Reino Unido.

Estos pequeños territorios últimos remanentes del imperio británico son 14 territorios de ultramar de los cuales 7 son paraísos fiscales genuinos. Hoy en día algunos de los mayores paraísos fiscales en el mundo son todavía británicos, incluyendo las islas Caimán, las Bermudas y las Islas Vírgenes Británicas.

Con acceso a grandes cantidades de dinero extranjero, el mercado del eurodólar creció exponencialmente. Para 1980 había alcanzado los 500 mil millones de dólares, y en 1988, ya 18 billones. Para 1997, una gran cantidad de todos los préstamos internacionales, se hacían a través de ese mercado. El imperio británico se había hundido dejando apenas un rastro pero la City de Londres se adaptó y sobrevivió.

La City de Londres es el distrito financiero de Londres. Es un lugar peculiar al que se le ha llamado una ciudad dentro de una ciudad, un estado dentro de un estado.
Está a cargo de la llamada Corporación City de Londres una empresa privada, que realiza todas las funciones de un Consejo Local, con Policía y Tribunales

privados. Es muy difícil ser conscientes de cuán extraña es la pequeña City de Londres dentro del gran Londres.

La City de Londres es una entidad separada del resto de Londres, y tiene su propia cabeza en la figura del Alcalde, que no tiene nada que ver con la Alcaldía que dirige el resto de Londres. La City de Londres ha tenido durante mucho tiempo esa curiosa situación jurídica porque en 1066, cuando llegó Guillermo el Conquistador a la ciudad fue uno de los únicos sitios de Inglaterra que no pudo conquistar.

Guillermo el Conquistador pactó con el ayuntamiento de la City en 1067, lo que le permitió continuar su funcionamiento.

Todavía hoy la City de Londres está exenta de numerosas leyes que se aplican para el resto de Gran Bretaña. Su sistema político se deriva de la Edad Media. El electorado de la City no está dominado por sus residentes, sino por las empresas privadas que operan dentro. Su alcalde es elegido por los jefes de los grandes gremios medievales. La City tiene un representante en la Cámara de los Comunes llamado el Reminder Ambassador, además del Secretario Judicial, que es la única persona no electa el dicha Cámara.

El resto de grupos de presión, tienen que esperar su autorización. La City de Londres tiene un representante permanente en la Cámara de los Comunes cuya función es informar a la corporación de la City de Londres y presionar en el Parlamento en su nombre.

La Corporación City de Londres es claramente un fenómeno único e interesante que debería haber atraído a muchos politólogos, economistas políticos, investigadores y auditores, pero nadie ha podido estudiar sistemáticamente la Corporación City de Londres y su impacto en la política o política económica, así que solo se puede conjeturar. Se asume que la Corporación de Londres es muy poderosa y que, de una forma u otra, es capaz de gobernar sobre la política Británica, sobre todo en métodos de financiación.

Clement Attlee dijo que, en la corporación City de Londres, una y otra vez hemos visto que hay otro poder diferente al de Westminster. La City de Londres un término conveniente para una colección de intereses financieros que es capaz de hacer predominar sus intereses sobre los del Gobierno del país. Una Corporación sobre un Estado. Los que controlan el dinero pueden imponer políticas tanto en el país como en el extranjero, lo que va en contra de lo que el pueblo ha elegido.

Veamos algún caso curioso. En el corazón de la City de Londres se encuentra el Banco de Inglaterra. El Banco de Inglaterra no es solo un Banco Central, sino también un regulador financiero. Con la desaparición del Imperio, el Banco de Inglaterra usó esa autoridad reguladora para ayudar a atraer bancos de todo el mundo a Londres.

En 1972, el Banco de Inglaterra emitió una licencia para el Banco de Crédito y Comercio Internacional, el BCCI, que estableció su sede en Londres. En 10 años, el BCCI se convirtió en el séptimo banco más grande del mundo. 10 años más tarde, el BCCI quebró.

El director adjunto de la CIA en aquel momento Richard James Kerr (del 20 de marzo del 89 al 2 de marzo del 92), dijo que la CIA usó el BCCI para apoyar sus actividades en el extranjero.
Pero el BCCI no solo había colaborado con los servicios de inteligencia del mundo, se había involucrado extensamente en fraude financiero, lavado de dinero y financiación de terrorismo. El BCCI cometió crímenes internacional y globalmente, a unos niveles difícilmente imaginables por el común de los mortales, con la permisividad del Regulador.
El BCCI financiaba el terrorismo. El Banco de Inglaterra no lo sabía, pero en lugar de supervisarlo adecuadamente, trató de evitar el colapso del Banco.

Se dice de manera muy directa, que el Banco de Inglaterra tenía información suficiente para cerrar el BCCI 15 meses antes, y en el proceso, miles de depositantes no culpables de delito alguno, sólo de confiar en un gran banco internacional, resultaron afectados.

Muchos denunciantes del BCCI contactaron con el Banco de Inglaterra, sin embargo el Banco de Inglaterra, no hizo nada.

El Banco de Inglaterra tuvo suficiente tiempo para intervenir e investigar, pero no lo hizo porque la costumbre en ese entonces (que todavía existe) era que se enviaban sugerencias, y se comentaba en el almuerzo con los Auditores Financieros que regulaban, y así todo iba bien. En privado. Sin luz ni taquígrafos. Sin actas ni minutas.

Robert Leigh-Pemberton, gobernador del Banco de Inglaterra (1983 – 1993) en el momento del colapso del BCCI comentó que el sistema de supervisión había servido bien a la comunidad y que si se cerrase un banco cada vez que hubiera un indicio de fraude, habría mucho menos bancos de los que tenemos ahora.

Londres era un lugar para que los bancos participarán en negocios que no estaban permitidos en otros lugares. Donde directivos de los bancos no tenían que preocuparse por las consecuencias de sus acciones. Esta es una de las razones por las que hoy en día hay más bancos en Londres que en cualquier otro centro financiero.

En Gran Bretaña ningún banquero va a la cárcel. Por lo general, esto no sucede, son una especie protegida y eso es parte del modelo de negocio de los paraísos fiscales del Reino Unido.

Es como decir que traiga Usted su dinero y cuidaremos de Usted. No irá a la cárcel sean cuales sean las procedencias de los capitales y podrá hacer lo que quiera. La llamada "Regulación Ligera" fue una manera de atraer negocios a Londres. La otra fue la confidencialidad.

Desde la década del 60, las sucursales de los bancos de Londres se comenzaron a establecer en el extranjero, en los antiguos puestos de avanzada del Imperio

Británico. Su objetivo era crear centros en el extranjero con una legislación de estricta confidencialidad, para atraer capitales de todo el mundo.

Utilizando la Legislación de Confidencialidad Bancaria Suiza, se sabe que quien pone su dinero en un Banco Suizo, ellos se comprometen a no decir nada, esta es una especie de confidencialidad. De secreto bancario.

Sin embargo, otro tipo de confidencialidad que es muy británica es la confianza. Y este es un mecanismo muy resbaladizo, complicado y tortuoso. Según la historia, los Fideicomisos surgieron en la época de las Cruzadas, cuando los Caballeros iban a luchar al extranjero, y dejaban sus activos al cuidado de administradores de confianza, el llamado Fideicomisario.
En última instancia lo que hacen los Fideicomisarios es gestionar la propiedad, así que el llamado Fideicomitente, el Caballero en este caso, entregaba los bienes a alguien que ahora se llama administrador, y es que a menudo un abogado, y está separado legalmente de los bienes. No son suyos, hay una barrera, no se paga impuestos sobre ellos, nadie encuentra conexión con esos activos en las jurisdicciones de paraísos fiscales de Gran Bretaña.

No se necesitan requisitos para ser Administrador, cualquiera puede crear un Fideicomiso y actuar como Fiduciario. No existe el registro de Fideicomisos. No hay entidades para certificar el establecimiento de Fideicomisos. Las únicas personas que saben acerca de la creación de este convenio son el Fiduciario y el Administrador o Fideicomisario. No hay ninguna obligación de registrarlo, no hay obligación de reportar su información financiera. No están obligados a publicar los balances financieros anuales disponibles en ningún lado. Por lo tanto, los Fideicomisos son para todo efecto, acuerdos invisibles.

El economista John Christensen, fue el Asesor Económico de Jurisdicción Confidencial por la isla de Jersey durante 10 años, asegura que no estamos hablando de unos pocos millones, estamos hablando de billones de billones de dólares de capital que, al parecer no pertenecen a nadie para estos paraísos fiscales. Y otros activos tampoco pertenecen a nadie.

Obras de arte, lingotes de oro en cantidades industriales, caballos de carreras, automóviles, bienes raíces... No son solo activos financieros, sino una cantidad ingente de activos no financieros que pertenecen a los Fideicomisos. Realmente a ojos Fiscales no le pertenecen a nadie. Ahora pensémoslo detenidamente. Estamos hablando de tal vez hasta 50 billones en activos, depositados en paraísos fiscales detrás de esos instrumentos. Sin pagar ningún tipo de impuesto.

El Fideicomiso se encuentra en el centro del debate de modelo de confidencialidad británica. Los británicos no utilizan la confidencialidad bancaria, son los suizos los que utilizan ese modelo.

Los británicos por supuesto están más que dispuestos acabar con la confidencialidad bancaria porque así podrán capturar una cuota más grande de mercado. Por eso los británicos continúan desarrollando los Fideicomisos, que son el componente básico de la confidencialidad británica, y forman parte sobre la cual se crean estructuras de paraísos fiscales complejas.

Cada jurisdicción secreta ofrece un conjunto específico de servicios, desde depósitos a empresas fantasma, a cuentas bancarias secretas o directores nominales, etc. La combinación de servicios en estructuras complejas que abarcan múltiples jurisdicciones permite la creación de estructuras secretas que son casi imposibles de penetrar.

Un paraíso fiscal a menudo tiene un Fideicomiso por encima. aquí el fideicomiso administrará los activos como controlando los activos por debajo el fideicomiso será propietario de algunas empresas fantasmas los cuales podrían estar en jurisdicciones diferentes así que 1 podría tener un fideicomiso o una jurisdicción cuyos fideicomisarios estuvieran en otro lugar los beneficiarios de otros y ser propietarios de empresas en paraísos fiscales de diferentes países y cada una de estas empresas bancarias poseer una cuenta bancaria un caballo de carreras un yate una pintura una cartera de acciones o lo que sea hay cantidades de variaciones de fideicomiso y estructuras en paraísos fiscales confidenciales.

Hay abogados en paraísos fiscales cuyo trabajo consiste en crear estructuras cada vez más complejas y ocultas el objetivo de estas estructuras es ocultar la identidad de los propietarios de bienes en paraísos fiscales y permitir que esta riqueza circule nuevamente en los mercados globales.

Hoy sabemos todo esto porque tenemos los documentos de Panamá que salieron a la luz hace unos años, y ya han sido estudiados y rastreados, si bien la mayor parte fue debidamente "confidencializado" por el Gobierno de Panamá, con la connivencia de Londres.

Lo hemos visto y no podemos actuar porque el sistema está protegido por personas y entidades, Gobiernos y empresas multinacionales, que se benefician con su funcionamiento y es cierto que el porcentaje de estos individuos físicos o jurídicos es muy bajo, pero tienen mucho poder y se puede constatar en el Comité de Panamá, que la única cosa que podría cambiar esto sería tener un registro de acceso público de la propiedad efectiva de Fideicomisos y de todo tipo de empresas. Sería fácil. Los documentos de Panamá son una colección de filtraciones de la firma de abogados de paraísos fiscales Mossack – Fonseca.

Mossack - Fonseca es el cuarto bufete de abogados más grande de los paraísos fiscales, y casi un millar de los más grandes del mundo están registrados en jurisdicciones británicas de ultramar.

Cuando los países se quejan a Gran Bretaña acerca de las actividades que se desarrollan en sus paraísos fiscales, la respuesta británica es que son independientes, y que no hay nada que Gran Bretaña pueda hacer. Hemos oído una y otra vez a funcionarios de Berlín, en París, en Washington y en otros países a quienes el gobierno británico les ha respondido que sí, que son muy conscientes de lo que está pasando en Jersey, y piensan que es lamentable, pero no tienen las facultades para intervenir.

Estos es una absoluta falsedad. Gran Bretaña tienen las facultades para intervenir pero elige no hacerlo. Gran Bretaña usa el truco de fingir cuando le conviene que estos lugares son independientes pero la realidad es que Gran Bretaña nombra al gobernador y un montón de altos cargos importantes en estos lugares.

Son los responsables de las Relaciones Exteriores y de la defensa, y también pueden vetar sus legislación. Por tanto, Gran Bretaña tiene un enorme control. Básicamente controla esos lugares, otorgándoles un margen mínimo de espacio político.

Durante su tiempo como asesor económico en Jersey, John Christiansen viajó con frecuencia a Londres para reunirse con varios departamentos del Gobierno británico como asesor económico. Tuvo mucho contacto con los diferentes departamentos. Tradicionalmente los gobiernos del Reino Unido han tratado de no interferir en los asuntos internos de lugares como Jersey, así que sucede de una manera más sutil.

Van y hablan con alguien, ya sea en el Ministerio de Interior, o en el tesoro, y dicen "en realidad no estamos particularmente interesados en esa ley", o "podría ser una buena idea si no tomasen esa ruta", y eso tomando una taza de té.

Es una señal inequívoca que dice vuelvan ustedes y digan que no quieren que se haga esto, el gobierno británico prefiere no interferir abiertamente, en cambio comunica sus deseos a través de conversaciones informales. No hay rastros de papel o declaraciones oficiales, las conversaciones se llevan a cabo a puerta cerrada.

La relación de estos lugares con Londres es muy similar a la que tiene la clase dirigente británica. Todos usan el mismo código, se entienden perfectamente. Cualquiera que sea británico o que conozca británicos sabe que la comunicación es a menudo muy sutil y hay que conocer los códigos de lo que dice la gente, hay mucha ironía, hay mucho lenguaje codificado.

La gente entiende cómo funciona y creo que es bastante así el caso de la relación británica con los paraísos fiscales. Creo que se entiende bastante lo que podemos y no podemos hacer sin que tenga que ser hacerse de manera explícita.

Al mantener su poder oculto Gran Bretaña, que estas jurisdicciones son prácticamente anónimas y autónomas, la independencia de las Caimán no está en la agenda del Gobierno, ese es el mensaje para la comisión especial de la ONU para la descolonización.

El abogado Steve Maxwell está representando al gobierno en la comisión que se creó para ayudar a las colonias de todo el mundo en su camino a la independencia, pero dice que van a dejar en claro que las Caimán no están preparadas para esa transición, y que ese mensaje que el primer ministro este gabinete este partido no tiene mandato del pueblo de las islas Caimán para buscar la independencia.

Ese es el mensaje que llevan cuando las Bahamas declarar su independencia y Gran Bretaña en 1967 los banqueros de paraísos fiscales se reubicaron en las islas Caimán, y desde allí continuaron su negocio y la conexión británica hizo que los banqueros y sus clientes sintieran que su dinero estaba a salvo.

Esa base sólida británica les ha permitido a estos lugares volverse muy seguros para la industria de servicios financieros, para las finanzas en paraísos fiscales y para todas estas personas en realidad gran parte de la riqueza administrada en paraísos fiscales británicos se controla desde Londres. A la City de Londres por lo general le gusta el trabajo sucio fuera de Londres.

Podría haber -Dios no lo quiera- un regulador que se tome en serio su trabajo, y empiece por procesarlos por fraude en Londres, así que es mejor hacer los fraudes en paraísos fiscales en Gibraltar o en jersey donde hay mucho menos riesgo de que la justicia intervenga.

Los tratos son a menudo discutidos y cerrados en Londres, pero luego registrados en paraísos fiscales por razones impositivas regulatorias y de transparencia, lo que le permiten a la ciudad es involucrarse en negocios sucios, pero luego cuando salta el escándalo dicen bueno son en realidad independientes no hay nada que podamos hacer. La actividad de paraísos fiscales no tiene nada que ver con la City, no estamos involucrados en ese tipo de relaciones, así que es una relación muy conveniente.

La City de Londres ha dado forma a la manera en que Jersey, Gnersey y otros territorios de ultramar británicos se han desarrollado como paraísos fiscales. Hoy en día el Reino Unido es el mayor proveedor mundial de servicios financieros internacionales.

El Reino Unido tiene un papel casi único en las finanzas globales si nos fijamos en los datos como en el índice de confidencialidad financiera, se puede ver la participación relativa de cada país en el suministro mundial de exportaciones de servicios financieros, que son servicios financieros a no residentes. Hay dos grandes centros todo lo demás es bastante pequeño en comparación los grandes centros, que son Estados Unidos que con alrededor del 19% del mercado mundial y Reino Unido con sus jurisdicciones de alta mar que tiene alrededor del 25% del mercado global y si se agrega otras jurisdicciones excolonias recientemente independizadas hace muy poco como Hong Kong, Singapur y tal vez incluso Dubai, Bahréin y Chipre, entonces se llega a una cifra del casi 40% y esa cifra representa mejor la posición de Londres en el mercado financiero global.

El 40%. En su día el Ejército fuer el administrador. Se fue, pero aún mantienen un alto grado de control sobre los flujos financieros de estas antiguas partes del imperio y el resto del mundo. Así se podría describir como "un segundo imperio británico", un imperio financiero oculto que abarca grandes partes del globo.

En los tiempos del imperio británico, la gran City de Londres era el centro financiero más grande del mundo, no solo las colonias de Gran Bretaña, sino también países independientes hacían sus transacciones bancarias en Londres, y usaban la moneda del imperio para el comercio y las finanzas. A medida que el imperio declinaba, también lo hacía la City de Londres.

El establecimiento del mercado del eurodólar en Londres habilitaban los bancos de la City de Londres a seguir explotando sus redes y experiencia de la época del imperio, y la creación de jurisdicciones confidenciales.

El sistema del patrón oro fue una de las herramientas más importantes en la consolidación del dominio británico sobre el comercio mundial, especialmente durante el siglo XIX y principios del XX. Este sistema monetario, que vinculaba el valor de la moneda de un país a una cantidad específica de oro, proporcionó una base estable y confiable para las transacciones internacionales, favoreciendo a las economías que podían sostenerlo, con Gran Bretaña a la cabeza. Su adopción y expansión no fueron casuales ni inmediatas, sino el resultado de una serie de desarrollos históricos, económicos y políticos que colocaron a Londres y su red financiera en el centro del comercio global.

El antecedente más claro del patrón oro fue el uso histórico del oro como medio de intercambio y reserva de valor. Durante siglos, el oro había simbolizado estabilidad y confianza, dos características esenciales para cualquier sistema monetario exitoso. Sin embargo, no fue hasta la consolidación de la economía industrial en el siglo XVIII y la creciente necesidad de un sistema monetario uniforme que el patrón oro emergió como la opción predominante. En este contexto, la Revolución Industrial y la expansión comercial global desempeñaron un papel crucial. A medida que los mercados internacionales se interconectaban a través del comercio y las inversiones, se requería un sistema que redujera las incertidumbres cambiarias y garantizara la convertibilidad de las monedas.

Gran Bretaña, con su floreciente economía industrial y su papel como la potencia marítima y comercial más importante de la época, fue el primer país en adoptar oficialmente el patrón oro en 1821. Esta decisión no fue meramente técnica, sino una estrategia deliberada para consolidar su posición económica y financiera en el mundo. La libra esterlina, respaldada por las vastas reservas de oro acumuladas en el Banco de Inglaterra, se convirtió en el estándar global, lo que fortaleció a la City de Londres como el centro neurálgico de las finanzas internacionales.

El patrón oro funcionaba bajo principios simples pero efectivos: cada moneda nacional estaba respaldada por una cantidad fija de oro, y los bancos centrales estaban obligados a canjear sus billetes por oro a la tasa establecida. Esto significaba que las monedas tenían un valor intrínseco vinculado a un recurso físico, lo que limitaba la capacidad de los gobiernos para emitir dinero sin control y garantizaba una estabilidad monetaria sin precedentes. Además, el patrón oro facilitaba el comercio internacional al eliminar la incertidumbre asociada con las fluctuaciones cambiarias, ya que las tasas de cambio estaban fijadas por la relación entre las reservas de oro de cada país.

El sistema también tenía un fuerte componente disciplinario. Para mantener la convertibilidad de sus monedas, los países estaban obligados a mantener un equilibrio entre sus exportaciones e importaciones. Si un país acumulaba un déficit comercial prolongado, perdía reservas de oro, lo que restringía su capacidad de emitir moneda y forzaba ajustes en su economía. Esto, en teoría, prevenía desequilibrios prolongados en las balanzas de pago y promovía una especie de estabilidad macroeconómica global.

Sin embargo, este sistema, que favorecía a las naciones con abundantes reservas de oro y economías sólidas, también tuvo implicaciones geopolíticas y económicas significativas. Gran Bretaña, gracias a su capacidad industrial, su control sobre vastos territorios coloniales y su dominio del comercio marítimo, se encontraba en una posición ideal para prosperar bajo el patrón oro. Su red comercial global aseguraba un flujo constante de oro y bienes hacia la metrópoli, fortaleciendo aún más su economía y consolidando su hegemonía.

El dominio del comercio mundial a través del patrón oro no se limitaba a la estabilidad monetaria; también estaba intrínsecamente ligado al control británico sobre los flujos de capital. La City de Londres se convirtió en el centro financiero del mundo, canalizando inversiones hacia proyectos de infraestructura, minería y transporte en las colonias y en otros países en desarrollo. Este flujo de capital no solo aumentó la dependencia económica de estas regiones hacia Gran Bretaña, sino que también reforzó su influencia política y cultural. En esencia, el patrón oro facilitó una forma de imperialismo financiero que consolidó la posición de Londres como el corazón del comercio global.

A pesar de sus ventajas, el sistema del patrón oro no estaba exento de tensiones y limitaciones. Su rigidez estructural significaba que los países tenían poco margen de maniobra para responder a crisis económicas internas. En momentos de recesión o de contracción económica, los gobiernos se veían obligados a mantener la paridad oro, incluso si esto requería medidas drásticas como recortes en el gasto público, aumentos de impuestos o deflación. Estas políticas, aunque necesarias para mantener la confianza en el sistema, a menudo agravaban las dificultades económicas a corto plazo y generaban descontento social.

Las guerras napoleónicas y, posteriormente, la Primera Guerra Mundial, pusieron a prueba la resiliencia del patrón oro. Durante estas crisis, la demanda de financiamiento para los esfuerzos bélicos llevó a muchos países a suspender temporalmente la convertibilidad de sus monedas en oro. Sin embargo, tras el fin de estos conflictos, Gran Bretaña lideró los esfuerzos para restaurar el sistema, convencida de que el patrón oro era esencial para la estabilidad económica global y su propio dominio financiero.

El sistema alcanzó su apogeo en las primeras décadas del siglo XX, pero también enfrentó crecientes presiones debido a cambios estructurales en la economía global. La Gran Depresión de 1929 marcó el inicio del declive del patrón oro, ya que muchos países abandonaron el sistema en un intento por recuperar flexibilidad monetaria y estimular sus economías. Aunque se realizaron esfuerzos para revivirlo, el sistema nunca recobró su antigua gloria y finalmente fue reemplazado por nuevos paradigmas monetarios en el período de posguerra.

A pesar de su eventual desaparición, el legado del patrón oro perdura en la estructura del sistema financiero global. Estableció los principios de disciplina monetaria y confianza internacional que aún subyacen en las relaciones económicas entre naciones. Más allá de sus aspectos técnicos, el patrón oro simbolizó una era en la que la estabilidad económica y el dominio financiero británico eran vistos como fundamentales para el comercio global, consolidando a la City de Londres como el epicentro de un imperio que trascendía fronteras físicas para abarcar un dominio económico que moldeó el mundo moderno.

5. Siglo XX: Transformación Global y Reconstrucción

5.1. Impacto de las Guerras Mundiales (1914-1945)

El impacto de las Guerras Mundiales en la economía de la City de Londres fue profundo y multifacético, marcando una era de cambios trascendentales que redefinieron su papel como centro financiero global. Durante el periodo de 1914 a 1945, la City enfrentó desafíos sin precedentes debido a la interrupción del comercio internacional, las presiones de financiamiento bélico, los cambios en las estructuras económicas globales y la pérdida gradual de la hegemonía británica en favor de los Estados Unidos. Estos eventos transformaron no solo la economía británica, sino también la relación de la City con el resto del mundo, trazando un camino que la condujo hacia un nuevo orden financiero en el periodo de posguerra.

Con el estallido de la Primera Guerra Mundial en 1914, la economía global experimentó una disrupción significativa. Para la City, que había sido el corazón del comercio internacional y el sistema financiero global basado en el patrón oro, el conflicto supuso un golpe inmediato y duradero. Las prioridades financieras del Reino Unido se trasladaron rápidamente de los mercados internacionales al esfuerzo bélico. La demanda masiva de financiamiento para sostener la guerra llevó al gobierno británico a emitir bonos de guerra y a aumentar significativamente la deuda nacional. Aunque la City desempeñó un papel crucial en la organización y distribución de estos instrumentos financieros, el coste fue alto: la suspensión del patrón oro en 1914 marcó el principio del fin de una era de estabilidad monetaria que había sostenido la economía global durante décadas.

La guerra también trajo consigo restricciones al comercio internacional, que afectaron gravemente a la City. Los bloqueos navales, las restricciones a las exportaciones y la interrupción de las rutas comerciales tradicionales redujeron drásticamente el flujo de bienes y capitales. Además, el aumento de la inflación y las fluctuaciones monetarias minaron la confianza en los mercados financieros. A pesar de estos desafíos, la City logró adaptarse en cierta medida, consolidando su papel como el principal canal para el financiamiento de los Aliados. Sin embargo, este papel fue compartido, y eventualmente competido, con Nueva York, que comenzó a emerger como un centro financiero global en ascenso, gracias a su capacidad para movilizar capital y a la creciente influencia económica de los Estados Unidos.

El final de la Primera Guerra Mundial trajo consigo una breve recuperación económica, pero las heridas dejadas por el conflicto eran profundas. El Reino Unido emergió de la guerra como una potencia debilitada, con una deuda nacional exorbitante y una economía que enfrentaba una competencia creciente de otras naciones industrializadas. La restauración del patrón oro en 1925, impulsada por el deseo de recuperar la estabilidad financiera y restaurar el prestigio de la City, resultó ser una decisión controvertida y, en última instancia, perjudicial. La sobrevaloración de la libra esterlina dificultó las exportaciones británicas y exacerbó los problemas económicos internos, lo que culminó en la salida del sistema en 1931, un golpe significativo para la City y su reputación como epicentro financiero global.

La Gran Depresión de 1929 añadió una capa adicional de dificultades. Aunque la City logró evitar un colapso total gracias a su estructura institucional relativamente sólida, la contracción económica global redujo significativamente el comercio y la inversión internacional, sectores en los que Londres había basado su preeminencia. Además, el creciente proteccionismo y la fragmentación económica global limitaron las oportunidades para la recuperación. La City, que una vez había sido el faro del comercio internacional, se encontraba ahora en un mundo donde las barreras económicas eran cada vez más comunes y la competencia entre naciones se intensificaba.

La Segunda Guerra Mundial, que estalló en 1939, supuso otro capítulo crítico en la historia de la City. Una vez más, la economía británica se reorientó hacia el esfuerzo bélico, con la City desempeñando un papel central en la organización del financiamiento para la guerra. El gobierno británico emitió una serie de bonos de guerra y recurrió a préstamos de los Estados Unidos, incluido el famoso programa de Préstamo y Arriendo, para sostener su maquinaria bélica. Sin embargo, el costo económico de la guerra fue aún mayor que el de la Primera Guerra Mundial. Al final del conflicto, el Reino Unido estaba profundamente endeudado, principalmente con los Estados Unidos, y su economía se encontraba en ruinas.

La City sufrió daños físicos significativos durante la Segunda Guerra Mundial debido a los bombardeos alemanes, especialmente durante el Blitz. Sin embargo, su infraestructura financiera y sus instituciones clave, como el Banco de Inglaterra y el Royal Exchange, lograron sobrevivir y continuar operando, lo que demostró la resistencia del sistema financiero británico. No obstante, la guerra marcó un cambio irreversible en el equilibrio del poder económico global. Los Estados Unidos emergieron como la nueva superpotencia económica, y Nueva York reemplazó a Londres como el centro financiero dominante en el mundo. Esto no significaba que la City perdiera su importancia, pero su papel cambió. En lugar de ser el centro indiscutible del comercio y las finanzas globales, se convirtió en uno de varios nodos en una red financiera global en evolución.

En los años posteriores a la Segunda Guerra Mundial, la City enfrentó el desafío de reconstruir su economía y redefinir su papel en un mundo donde el comercio y las finanzas estaban cada vez más dominados por los Estados Unidos y, en menor medida, por otros centros emergentes. La introducción de acuerdos internacionales como Bretton Woods, que establecieron un nuevo sistema monetario global basado en el dólar estadounidense, relegó a la libra esterlina a un papel secundario. Aunque la City logró adaptarse y encontrar nuevas áreas de especialización, como el comercio de divisas y los seguros, el periodo de las Guerras Mundiales marcó el fin de su dominio absoluto en el comercio mundial y el inicio de una nueva era en la que compartía el escenario global con otras potencias económicas.

El impacto de las Guerras Mundiales en la economía de la City, aunque devastador en muchos aspectos, también demostró su capacidad de resiliencia y adaptación. Sin embargo, estas transformaciones sentaron las bases para un nuevo orden financiero global, con un equilibrio de poder que ya no giraba exclusivamente en torno a Londres.

La destrucción causada por los bombardeos durante la Segunda Guerra Mundial dejó una huella profunda en la City de Londres, tanto en términos físicos como simbólicos. Como el corazón económico del Reino Unido y un centro financiero de relevancia mundial, la City se convirtió en un objetivo estratégico para las fuerzas aéreas alemanas. Los devastadores ataques aéreos, especialmente durante el Blitz de 1940-1941, redujeron a escombros vastas áreas del distrito financiero, destruyendo edificios emblemáticos, oficinas comerciales y la infraestructura que sostenía las operaciones cotidianas de la economía británica. Sin embargo, este periodo de ruina también marcó el inicio de un proceso de recuperación y transformación que redefiniría el carácter de la City en las décadas siguientes.

El Blitz, una campaña sostenida de bombardeos que se prolongó desde septiembre de 1940 hasta mayo de 1941 tuvo un impacto catastrófico en Londres, con la City como uno de sus principales blancos. Durante estos ataques, se lanzaron miles de toneladas de bombas sobre la capital, causando la destrucción de edificios históricos y modernos por igual. La infraestructura vital para el comercio y las finanzas, como bancos, aseguradoras, oficinas de corretaje y mercados, quedó gravemente afectada. Entre los edificios más icónicos dañados se encontraba la Bolsa de Valores de Londres, cuya destrucción simbolizó la vulnerabilidad del corazón financiero británico frente al conflicto. Asimismo, iglesias históricas diseñadas por Christopher Wren tras el Gran Incendio de 1666 también sufrieron daños irreparables, lo que subrayó la magnitud del ataque no solo contra la economía, sino también contra el patrimonio cultural de la ciudad.

La magnitud de los daños en la City fue tal que se estima que alrededor de un tercio de los edificios fueron destruidos o gravemente dañados. Las calles quedaron bloqueadas por escombros, los servicios esenciales interrumpidos y miles de trabajadores desplazados. El impacto humano fue igualmente devastador, con un número considerable de muertos y heridos, además de la pérdida de medios de vida para aquellos empleados en las industrias y servicios de la City. A pesar de estas adversidades, la respuesta inmediata estuvo marcada por un espíritu de resiliencia y determinación. Las operaciones financieras y comerciales, aunque gravemente interrumpidas, se trasladaron temporalmente a otras ubicaciones dentro y fuera de Londres, demostrando la adaptabilidad de las instituciones que conformaban el núcleo de la City.

El proceso de recuperación comenzó incluso antes del fin de la guerra. A medida que las hostilidades continuaban, las autoridades locales y nacionales iniciaron la planificación para la reconstrucción de la City. El arquitecto y planificador urbanístico Sir Patrick Abercrombie desempeñó un papel crucial en este esfuerzo, diseñando el "Plan para el Gran Londres" en 1944, que incluía propuestas específicas para revitalizar la City. Este plan no solo abordaba la necesidad de reconstruir edificios e infraestructuras dañados, sino que también buscaba modernizar el distrito financiero y adaptarlo a las demandas de un mundo en rápida transformación. Las ideas de Abercrombie se centraron en mejorar el transporte, crear espacios públicos más accesibles y reorganizar las áreas comerciales para optimizar su funcionalidad.

Sin embargo, la reconstrucción de la City no estuvo exenta de desafíos. La magnitud de los daños requería una inversión económica colosal en un momento en que el Reino Unido enfrentaba una deuda nacional sin precedentes debido al esfuerzo bélico. Además, la escasez de materiales de construcción y la mano de obra limitada ralentizaron el proceso. Las decisiones sobre qué edificios reconstruir, preservar o reemplazar generaron debates intensos entre arquitectos, historiadores y las autoridades locales. Algunos abogaban por una reconstrucción que respetara el legado histórico de la City, mientras que otros promovían un enfoque más moderno y funcional que reflejara las necesidades del mundo empresarial de la posguerra.

El proceso de reconstrucción se prolongó durante varias décadas, reflejando la complejidad de equilibrar la preservación del patrimonio con la innovación necesaria para mantener la relevancia económica de la City. Edificios emblemáticos, como la Catedral de San Pablo, sobrevivieron a los bombardeos y se convirtieron en símbolos de la resistencia y recuperación de Londres. Por otro lado, la reconstrucción de infraestructuras clave, como la Bolsa de Valores de Londres, permitió que las operaciones financieras se reanudaran y contribuyó a la recuperación gradual de la actividad económica.

A medida que la City reconstruía su infraestructura física, también enfrentaba el reto de adaptarse a un nuevo contexto global. La guerra había acelerado el declive de la hegemonía económica británica, y la City debía competir con centros financieros emergentes, especialmente Nueva York. Este cambio en el equilibrio de poder global impulsó a la City a diversificar sus servicios y especializarse en áreas como el comercio de divisas, los seguros y las finanzas internacionales. Al mismo tiempo, el gobierno británico implementó políticas para fomentar la inversión extranjera y garantizar que la City siguiera siendo un actor relevante en el sistema financiero global.

La reconstrucción de la City también tuvo un impacto significativo en su paisaje urbano. La necesidad de modernización llevó a la construcción de edificios de oficinas más altos y funcionales, diseñados para acomodar a un número creciente de empresas y trabajadores. Esto marcó el inicio de una transformación arquitectónica que continuaría en las décadas siguientes, con la City convirtiéndose en un espacio caracterizado por la coexistencia de edificios históricos y rascacielos modernos. Aunque algunos lamentaron la pérdida de ciertas estructuras históricas, otros vieron en esta transformación una oportunidad para proyectar una imagen de resiliencia y progreso.

A medida que avanzaba la reconstrucción, la City comenzó a recuperar su papel como centro financiero global. La implementación de tecnologías modernas, como los sistemas de telecomunicaciones y las primeras computadoras, permitió que las instituciones financieras de la City operaran con mayor eficiencia y compitieran en un mercado cada vez más globalizado. Además, la participación de la City en iniciativas internacionales, como la reconstrucción económica de Europa a través del Plan Marshall, consolidó su posición como un actor clave en la economía de la posguerra.

La recuperación de la City tras los bombardeos de la Segunda Guerra Mundial fue un proceso largo y complejo, pero también fue un testimonio de la capacidad de adaptación y resistencia de Londres como centro financiero. Aunque las cicatrices del conflicto eran visibles en su paisaje urbano, la City logró no solo reconstruirse, sino también reinventarse, asegurando su relevancia en un mundo que había cambiado drásticamente.

Consolidación de la Libra Esterlina

La consolidación de la libra esterlina como moneda de reserva mundial es uno de los capítulos más fascinantes de la historia económica y financiera global. Durante siglos, esta moneda fue el pilar del comercio internacional, el centro de las transacciones financieras y un símbolo de la hegemonía económica del Imperio Británico. Este proceso, que comenzó con el auge del poder británico en el siglo XVIII y alcanzó su apogeo en el siglo XIX, no solo refleja la fortaleza de la economía británica, sino también la capacidad de Londres para establecer instituciones, infraestructuras y redes comerciales que promovieran la estabilidad y confianza en la libra esterlina como la divisa más fiable del mundo.

El ascenso de la libra esterlina como moneda de reserva está intrínsecamente ligado al desarrollo del Imperio Británico y al crecimiento de la City de Londres como centro financiero global. Desde mediados del siglo XVIII, Gran Bretaña emergió como una potencia económica y militar dominante, gracias a la Revolución Industrial, su influencia en los mares y su expansión colonial. Este crecimiento económico no solo impulsó la demanda de bienes británicos en mercados internacionales, sino que también fomentó la adopción de la libra esterlina como medio de intercambio en las transacciones comerciales. Las redes coloniales británicas, que se extendían desde América hasta Asia y

África, actuaron como canales para la difusión de la moneda, consolidando su uso en múltiples regiones del mundo.

Un elemento clave en esta consolidación fue la estabilidad del sistema financiero británico. Desde su fundación en 1694, el Banco de Inglaterra desempeñó un papel central en garantizar la estabilidad de la libra esterlina. Este banco actuaba como prestamista de última instancia, regulador del crédito y emisor de moneda respaldada por el oro. En 1821, Gran Bretaña adoptó oficialmente el patrón oro, convirtiéndose en la primera nación en establecer un sistema monetario basado en la convertibilidad de la moneda en oro a un tipo fijo. Este sistema ofreció un nivel sin precedentes de confianza en la libra esterlina, ya que proporcionaba una garantía tangible de su valor. La adopción del patrón oro por parte de otras naciones en las décadas posteriores solo fortaleció la posición de la libra como moneda de referencia en el comercio internacional.

La City de Londres jugó un papel esencial en este proceso. A medida que se expandía el comercio internacional, Londres se convirtió en el principal centro de financiamiento para transacciones comerciales y de inversión en infraestructura en todo el mundo. Los bancos británicos, respaldados por una red sofisticada de corresponsales y filiales, facilitaron el flujo de capital y crédito entre países. Además, la Bolsa de Londres ofrecía un mercado organizado y fiable para la negociación de valores, atrayendo inversiones de todo el mundo. Esta infraestructura financiera no solo reforzó la confianza en la libra esterlina, sino que también la convirtió en la moneda preferida para liquidar deudas, emitir bonos y mantener reservas internacionales.

Otro factor que consolidó la posición de la libra como moneda de reserva fue la capacidad del Reino Unido para proyectar poder militar y político en el escenario global. La Royal Navy, considerada la fuerza naval más poderosa de la época, garantizaba la seguridad de las rutas comerciales y la protección de los intereses económicos británicos en el extranjero. Este poderío militar aseguraba que los compromisos financieros y comerciales respaldados por la libra esterlina fueran cumplidos, lo que aumentaba su atractivo como moneda de reserva.

La Primera Guerra Mundial marcó un punto de inflexión en el dominio de la libra esterlina. Aunque el Reino Unido emergió del conflicto como una de las principales potencias victoriosas, la guerra dejó al país con una deuda nacional sin precedentes y debilitó su posición económica relativa frente a otras potencias emergentes, como los Estados Unidos. Durante este periodo, el sistema del patrón oro fue suspendido, lo que generó incertidumbre sobre la estabilidad de la libra. Sin embargo, en 1925, bajo el liderazgo de Winston Churchill, Gran Bretaña volvió al patrón oro, en un intento por restaurar la confianza en la libra esterlina y reafirmar su posición como moneda de reserva. Este esfuerzo fue significativo, aunque los problemas estructurales de la economía británica y las consecuencias de la Gran Depresión de 1929 limitaron su éxito.

La Segunda Guerra Mundial fue otro periodo de desafíos para la libra esterlina. El Reino Unido nuevamente acumuló una enorme deuda para financiar su esfuerzo bélico, esta vez dependiendo en gran medida de los préstamos estadounidenses a través del programa de Préstamo y Arriendo. Al final del conflicto, el equilibrio de poder económico global había cambiado drásticamente, con los Estados Unidos emergiendo como la principal superpotencia económica. Esto marcó el inicio del declive de la libra esterlina como la moneda de reserva dominante, siendo progresivamente reemplazada por el dólar estadounidense.

A pesar de este declive relativo, la libra esterlina logró mantener un papel importante en el sistema financiero internacional durante gran parte del siglo XX. El establecimiento del Sistema Monetario de Bretton Woods en 1944, aunque basado en el dólar como la principal moneda de reserva, permitió que la libra continuara siendo utilizada en el comercio y las finanzas internacionales. Londres mantuvo su posición como un centro financiero global, atrayendo inversiones extranjeras y desempeñando un papel crucial en el comercio de divisas y otros servicios financieros.

En el contexto contemporáneo, la libra esterlina ya no ocupa la posición dominante que tuvo durante el apogeo del Imperio Británico. Sin embargo, sigue siendo una de las principales monedas de reserva en el mundo, respaldada por la fortaleza institucional del Reino Unido, la estabilidad de su sistema financiero y la reputación global de la City de Londres. A pesar de los desafíos económicos y políticos, como la crisis financiera de 2008 y la incertidumbre provocada por el Brexit, la libra esterlina continúa desempeñando un papel significativo en las finanzas internacionales, manteniendo su relevancia en un mundo donde las monedas y las economías están cada vez más interconectadas.

5.2. Desregulación y Big Bang (1986)

La desregulación financiera de 1986, conocida como el Big Bang, marcó un antes y un después en la historia económica y financiera de Londres, transformando la City en uno de los epicentros más dinámicos y globalizados del sistema financiero mundial. Este evento no solo cambió radicalmente las reglas del juego en los mercados financieros británicos, sino que también estableció un modelo que otras plazas financieras internacionales tratarían de emular. Para comprender plenamente la magnitud y el impacto del Big Bang, es crucial explorar sus antecedentes, las fuerzas que lo impulsaron, los cambios que implementó y las consecuencias que tuvo en la City y en la economía global.

En las décadas anteriores al Big Bang, los mercados financieros británicos se enfrentaban a una creciente presión para modernizarse. Durante gran parte del siglo XX, el sistema financiero de Londres operaba bajo un conjunto de regulaciones y prácticas tradicionales que, aunque eficaces en su momento, comenzaron a mostrar signos de rigidez e ineficiencia frente a un entorno económico global en rápida transformación. Las barreras de entrada, las estructuras de tarifas fijas y las restricciones en la propiedad de las empresas financieras limitaban la competitividad de Londres frente a otros centros emergentes como Nueva York y Tokio. Además, el auge de los avances tecnológicos y el creciente volumen de transacciones internacionales hacían cada vez más evidente la necesidad de una reforma estructural.

Una de las principales motivaciones detrás del Big Bang fue la necesidad de reactivar la economía británica, que había sufrido una serie de reveses durante las décadas de 1970 y principios de 1980. El Reino Unido enfrentaba una crisis económica caracterizada por un crecimiento lento, alta inflación y tasas de desempleo elevadas. El sector financiero, históricamente una fuente crucial de ingresos y prestigio para el país se percibía como una herramienta potencial para revitalizar la economía. El gobierno conservador de Margaret Thatcher, elegido en 1979, adoptó una postura firme a favor de la liberalización económica, viendo en la desregulación de la City una oportunidad para atraer inversiones internacionales, estimular la competencia y posicionar a Londres como un líder en el sistema financiero global.

La preparación para el Big Bang comenzó a mediados de la década de 1980, cuando el gobierno británico y las principales instituciones financieras acordaron una serie de cambios radicales en el funcionamiento de los mercados. Entre las reformas más significativas se encontraba la eliminación de las tarifas fijas en las transacciones bursátiles, un cambio diseñado para fomentar la competencia entre corredores y atraer a nuevos participantes al mercado. Este movimiento puso fin a una práctica centenaria que había protegido los márgenes de ganancia de los intermediarios financieros, pero que también había limitado la flexibilidad y la innovación.

Otro cambio crucial fue la abolición de la separación tradicional entre las funciones de los corredores (brokers) y los operadores (jobbers) en la Bolsa de Londres. Durante décadas, esta división había definido el funcionamiento del mercado, pero también había creado ineficiencias y barreras que impedían el flujo libre de capital. Al permitir que las mismas entidades desempeñaran ambos roles, el Big Bang facilitó una mayor integración y liquidez en el mercado. Además, se eliminó la restricción que impedía la propiedad extranjera de las empresas financieras británicas, abriendo la puerta a una ola de inversión internacional y estableciendo a Londres como un destino atractivo para las instituciones globales.

El 27 de octubre de 1986, el día del Big Bang, estos cambios se implementaron oficialmente, transformando de manera inmediata el paisaje de la City. Una de las innovaciones más visibles fue la adopción de sistemas de negociación electrónica, que reemplazaron el tradicional sistema de gritos en el parqué. Estas nuevas tecnologías permitieron una mayor velocidad y precisión en la ejecución de transacciones, además de facilitar el acceso remoto a los mercados para inversores de todo el mundo. La automatización de los procesos financieros marcó el inicio de una nueva era en la que la tecnología y la globalización redefinieron las operaciones financieras.

El impacto del Big Bang fue inmediato y profundo. En los años siguientes, la City experimentó un crecimiento explosivo en términos de volumen de transacciones, empleo y participación internacional. La llegada de grandes bancos de inversión y aseguradoras extranjeras transformó a Londres en un crisol de actividad financiera global. Instituciones como Goldman Sachs, Morgan Stanley y Merrill Lynch expandieron significativamente su presencia en la City, mientras que los actores locales se adaptaron rápidamente al nuevo entorno competitivo mediante fusiones, adquisiciones y reestructuraciones.

Sin embargo, el Big Bang también tuvo consecuencias más amplias en el sistema financiero global. Al eliminar muchas de las barreras tradicionales y fomentar la competencia, el evento aceleró el proceso de globalización de los mercados financieros. Londres se consolidó como un puente entre los mercados financieros de América, Europa y Asia, desempeñando un papel clave en la facilitación del comercio internacional y la inversión transfronteriza. La City se convirtió en el centro principal para el comercio de divisas, el mercado de derivados y las emisiones de deuda soberana, áreas en las que Londres sigue siendo líder en la actualidad.

A pesar de sus éxitos, el Big Bang no estuvo exento de críticas y desafíos. La liberalización del sistema financiero introdujo nuevos riesgos y complejidades, como la creciente dependencia de sistemas electrónicos, la volatilidad de los mercados y el riesgo de comportamientos especulativos. Además, el aumento de la competencia intensificó la presión sobre los trabajadores del sector financiero, generando un entorno laboral más dinámico pero también más exigente. Estas tensiones sentaron las bases para debates posteriores sobre la regulación financiera y el equilibrio entre la innovación y la estabilidad en los mercados.

El Big Bang de 1986 transformó la City de Londres en un centro financiero moderno, dinámico y globalizado. Este evento no solo revitalizó la economía británica, sino que también redefinió las reglas del sistema financiero internacional. La desregulación, la adopción de nuevas tecnologías y la apertura al capital extranjero marcaron el inicio de una nueva era en la que Londres reafirmó su posición como uno de los pilares del comercio y las finanzas globales, dejando una herencia que sigue vigente hasta nuestros días.

El fin de las restricciones comerciales tradicionales representa uno de los cambios más profundos en la evolución de las economías modernas y en la configuración del sistema financiero y comercial internacional. Este proceso, que se gestó a lo largo de varios siglos y alcanzó su madurez en el contexto del siglo XX, marcó la transición de un mundo dominado por sistemas económicos cerrados y altamente regulados hacia uno caracterizado por el libre comercio, la globalización y la interdependencia económica. Comprender las causas, los actores involucrados y las implicaciones de este fenómeno requiere un análisis detallado de los antecedentes históricos, las dinámicas económicas y los desafíos enfrentados durante este período transformador.

Durante gran parte de la historia, el comercio internacional estuvo limitado por una combinación de barreras arancelarias, monopolios comerciales, restricciones a la propiedad extranjera y políticas proteccionistas que buscaban proteger los intereses económicos de las naciones. Estas restricciones no solo eran el resultado de la desconfianza entre los estados, sino también de una visión económica mercantilista que consideraba que la riqueza global era finita y que su acumulación dependía de mantener un superávit comercial favorable. En este contexto, las naciones competían ferozmente por el control de rutas comerciales, colonias y recursos estratégicos, restringiendo el acceso a sus mercados internos mediante altos aranceles y otras medidas proteccionistas.

En Europa, las potencias coloniales como España, Portugal, Francia y Gran Bretaña utilizaron sistemas como el comercio triangular y las compañías monopolísticas, como la Compañía de las Indias Orientales, para controlar estrictamente el flujo de bienes y capital. Estas estructuras permitieron a las potencias acumular grandes fortunas, pero al mismo tiempo limitaron la capacidad de otras naciones y actores privados para participar en los mercados globales. El resultado fue un sistema de comercio internacional fragmentado y altamente desigual, en el que solo un pequeño grupo de países y empresas podían influir significativamente en las dinámicas económicas globales.

Sin embargo, a medida que avanzaba la Revolución Industrial en el siglo XVIII, comenzaron a emerger tensiones en este modelo. El aumento de la productividad y la innovación tecnológica generaron una mayor oferta de bienes manufacturados, lo que a su vez creó la necesidad de acceder a nuevos mercados para vender esos productos. Las barreras comerciales, que anteriormente habían sido vistas como una forma de proteger las economías locales, comenzaron a ser percibidas como un obstáculo para el crecimiento económico. Además, la expansión de los sistemas financieros y bancarios permitió a los comerciantes y empresarios acumular capital y demandar mayores niveles de acceso a los mercados internacionales.

El siglo XIX marcó un punto de inflexión en este proceso con la llegada del libre comercio como una ideología económica dominante. Este cambio fue liderado por Gran Bretaña, que, gracias a su supremacía industrial, se convirtió en la principal defensora de la apertura de los mercados globales. La derogación de las Leyes de los Cereales en 1846, que habían impuesto altos aranceles sobre los granos importados, simbolizó este cambio de paradigma. La decisión de Gran Bretaña de adoptar una política de libre comercio no solo reflejaba su interés en acceder a bienes más baratos, sino también su confianza en que su industria manufacturera podía competir y prosperar en un mercado global abierto.

El impacto del libre comercio se extendió rápidamente más allá de las fronteras británicas. Las potencias europeas comenzaron a negociar acuerdos comerciales bilaterales que redujeron aranceles y facilitaron el comercio transfronterizo. Uno de los tratados más significativos de esta época fue el Tratado Cobden-Chevalier de 1860 entre Francia y Gran Bretaña, que no solo eliminó las barreras comerciales entre las dos economías más grandes de Europa, sino que también sentó un precedente para la liberalización comercial en otros lugares. En paralelo, la proliferación de redes ferroviarias, el desarrollo del telégrafo y la expansión del transporte marítimo a vapor facilitaron el movimiento de bienes y personas, acelerando el ritmo del comercio global.

Sin embargo, el avance hacia el libre comercio no estuvo exento de desafíos. En la última parte del siglo XIX, el aumento de la competencia global y las tensiones económicas internas llevaron a un resurgimiento del proteccionismo en muchos países. Estados Unidos, por ejemplo, adoptó aranceles elevados bajo la Ley McKinley de 1890 para proteger su industria naciente, mientras que Alemania e Italia implementaron políticas similares para estimular su desarrollo económico interno. Este proteccionismo reflejaba las tensiones entre la necesidad de competir en un mercado global y las presiones políticas internas para proteger los empleos y las industrias locales.

El siglo XX trajo consigo una serie de eventos que complicaron aún más el panorama. Las dos guerras mundiales interrumpieron gravemente el comercio internacional, mientras que la Gran Depresión de 1929 llevó a una ola de políticas proteccionistas, como las implementadas bajo la Ley Hawley-Smoot en Estados Unidos, que profundizaron la crisis económica global. Estos eventos subrayaron los peligros de un sistema económico fragmentado y altamente regulado, reforzando la necesidad de buscar soluciones colectivas para restaurar y estabilizar el comercio internacional.

El final de la Segunda Guerra Mundial marcó el comienzo de una nueva era en la liberalización comercial. En un esfuerzo por evitar las divisiones económicas que habían contribuido a los conflictos anteriores, las potencias aliadas trabajaron para establecer un marco multilateral para el comercio internacional. Esto llevó a la creación del Acuerdo General sobre Aranceles Aduaneros y Comercio (GATT, por sus siglas en inglés) en 1947, que buscaba reducir progresivamente las barreras comerciales y fomentar un sistema basado en normas. Bajo el GATT y su sucesor, la Organización Mundial del Comercio (OMC), se llevaron a cabo varias rondas de negociaciones que resultaron en una reducción significativa de los aranceles y otras restricciones comerciales.

La liberalización comercial también fue impulsada por el crecimiento de las instituciones financieras internacionales, como el Fondo Monetario Internacional (FMI) y el Banco Mundial, que promovieron políticas de apertura económica como condición para el financiamiento y la asistencia técnica. Estas instituciones desempeñaron un papel crucial en la integración de las economías en desarrollo en el sistema comercial global, aunque a menudo enfrentaron críticas por las condiciones asociadas a sus programas.

En las últimas décadas, el fin de las restricciones comerciales tradicionales ha sido impulsado por la globalización y los avances tecnológicos. La revolución digital y la aparición de cadenas de suministro globales han transformado la manera en que las empresas operan, facilitando el comercio transfronterizo y la integración económica. Los acuerdos de libre comercio, como el Tratado de

Libre Comercio de América del Norte (TLCAN) y la Unión Europea, han eliminado muchas barreras al comercio y han fomentado un nivel sin precedentes de cooperación económica entre las naciones.

A pesar de estos avances, el proceso de liberalización comercial sigue siendo objeto de debate. Las tensiones entre el libre comercio y el proteccionismo persisten, alimentadas por preocupaciones sobre la pérdida de empleos, las desigualdades económicas y los impactos ambientales.

La digitalización y el crecimiento del sector financiero han transformado profundamente el panorama económico global y las operaciones en la City de Londres, consolidándola como un centro neurálgico de innovación y progreso tecnológico en el ámbito financiero. Este proceso, que se ha desarrollado a lo largo de las últimas décadas, ha sido impulsado por avances tecnológicos sin precedentes, cambios en las expectativas de los consumidores y una dinámica global que favorece la integración de la tecnología en todas las facetas de la economía. La transición hacia un sistema financiero digital ha redefinido no solo cómo las instituciones financieras operan, sino también cómo interactúan con sus clientes, los mercados y los gobiernos, desencadenando un cambio estructural que continúa evolucionando a un ritmo acelerado.

El inicio de este cambio puede rastrearse hasta finales del siglo XX, cuando los avances en la informática y las telecomunicaciones comenzaron a integrarse en los sistemas financieros. La llegada de las computadoras personales, las bases de datos electrónicas y las primeras redes de comunicación digital marcó el comienzo de una era en la que las transacciones financieras podían ser procesadas con mayor rapidez y precisión. Durante este período, los bancos comenzaron a invertir masivamente en tecnología para automatizar procesos, reducir costos y mejorar la eficiencia operativa. La adopción de sistemas electrónicos para el procesamiento de pagos, como la transferencia electrónica de fondos (EFT) y los cajeros automáticos (ATM), supuso un cambio radical en la forma en que los consumidores y las empresas interactuaban con los servicios financieros, eliminando muchas de las limitaciones de los sistemas tradicionales basados en papel.

Simultáneamente, los mercados financieros también experimentaron una transformación significativa. La implementación de plataformas de negociación electrónica reemplazó gradualmente los sistemas tradicionales de negociación en el piso, donde las transacciones se realizaban de forma manual y verbal. Este cambio permitió un aumento exponencial en la velocidad y el volumen de las operaciones, al tiempo que abrió los mercados financieros a un grupo más amplio de participantes, incluidos inversores minoristas. La Bolsa de Londres, que había sido un bastión de métodos tradicionales, adoptó estas innovaciones tecnológicas con entusiasmo, convirtiéndose en un ejemplo de modernización y adaptación en un mundo financiero cada vez más digitalizado.

Uno de los avances más significativos en este proceso fue el surgimiento de la banca en línea, que permitió a los consumidores acceder a sus cuentas y realizar transacciones desde cualquier lugar con conexión a internet. En sus primeras etapas, la banca en línea se centraba en servicios básicos, como consultar saldos y realizar transferencias simples. Sin embargo, con el tiempo, las capacidades de estas plataformas se expandieron para incluir servicios más complejos, como la gestión de inversiones, la contratación de préstamos y la planificación financiera. Este cambio no solo mejoró la conveniencia para los clientes, sino que también permitió a las instituciones financieras recopilar y analizar grandes cantidades de datos sobre el comportamiento de los usuarios, lo que les ayudó a personalizar sus servicios y optimizar sus operaciones.

La digitalización también ha tenido un impacto significativo en la regulación y supervisión financiera. Con la introducción de tecnologías como el análisis de datos en tiempo real y el aprendizaje automático, los reguladores han podido mejorar su capacidad para monitorear y gestionar riesgos en el sistema financiero. Estas herramientas permiten detectar patrones de comportamiento sospechoso, identificar amenazas emergentes y garantizar que las instituciones financieras cumplan con las normativas aplicables. Al mismo tiempo, la tecnología ha permitido a los bancos y otras instituciones financieras mejorar su cumplimiento normativo mediante la automatización de procesos como la detección de lavado de dinero, el cumplimiento de sanciones internacionales y la gestión de riesgos operativos.

El impacto de la digitalización en el sector financiero se ha amplificado aún más con la aparición de las fintech, empresas tecnológicas que ofrecen soluciones innovadoras para una amplia gama de servicios financieros. Estas empresas han desafiado a las instituciones financieras tradicionales al proporcionar alternativas más rápidas, económicas y accesibles en áreas como los pagos, los préstamos, la gestión de inversiones y el seguro. En particular, las fintech han desempeñado un papel crucial en la inclusión financiera, al proporcionar acceso a servicios financieros a poblaciones que anteriormente estaban desatendidas o excluidas del sistema bancario formal. Esto ha sido especialmente relevante en economías emergentes, donde las barreras geográficas y económicas habían limitado históricamente el acceso a servicios financieros.

El surgimiento de tecnologías avanzadas, como el blockchain y las criptomonedas, ha añadido una nueva dimensión al proceso de digitalización en el sector financiero. Aunque estas tecnologías aún están en etapas relativamente tempranas de desarrollo, ya han comenzado a tener un impacto significativo en áreas como los pagos internacionales, la emisión de deuda y la gestión de activos. El blockchain, en particular, se ha promocionado como una herramienta transformadora debido a su capacidad para garantizar transacciones seguras, transparentes y descentralizadas. Las criptomonedas, como Bitcoin y Ethereum, han planteado tanto oportunidades como desafíos para el sistema financiero, al proporcionar una alternativa a las monedas tradicionales y al mismo tiempo generar preocupaciones sobre la volatilidad, la regulación y el uso indebido.

La digitalización también ha transformado el panorama laboral en el sector financiero. A medida que la tecnología ha automatizado muchos de los procesos que anteriormente requerían intervención humana, las instituciones financieras han tenido que adaptarse mediante la reestructuración de sus fuerzas laborales y la inversión en formación para desarrollar nuevas habilidades. Si bien esto ha generado preocupaciones sobre la pérdida de empleos en ciertas áreas, también ha creado nuevas oportunidades en campos como el análisis de datos, la ciberseguridad y el desarrollo de software. Además, la digitalización ha permitido una mayor flexibilidad en el lugar de trabajo, con el trabajo remoto y las plataformas colaborativas convirtiéndose en la norma para muchas empresas financieras.

El impacto de la digitalización en la City de Londres ha sido especialmente pronunciado. Como uno de los principales centros financieros del mundo, la City ha sido un líder en la adopción de tecnologías avanzadas y en la promoción de la innovación en el sector financiero. Las instituciones financieras con sede en la City han invertido fuertemente en tecnología para mantener su competitividad en un mercado global en rápida evolución. Además, el entorno regulatorio favorable y el acceso a talento altamente calificado han permitido a la City posicionarse como un centro clave para la industria fintech, atrayendo a empresas de todo el mundo.

A pesar de los numerosos beneficios de la digitalización, también ha traído consigo una serie de desafíos y riesgos. La creciente dependencia de la tecnología ha aumentado la vulnerabilidad del sistema financiero a ataques cibernéticos, interrupciones tecnológicas y problemas de privacidad de datos. Además, la rápida evolución de las tecnologías y los modelos de negocio ha planteado desafíos para los reguladores, que a menudo tienen dificultades para mantenerse al día con los cambios en el sector. A medida que el sistema financiero se vuelve más interconectado y digital, garantizar la resiliencia y la estabilidad del sistema se ha convertido en una prioridad clave para los gobiernos, las instituciones financieras y los organismos internacionales.

6. Siglo XXI: Retos y Reinvenciones

6.1. Crisis financiera de 2008

La crisis financiera de 2008 se alza como uno de los acontecimientos económicos más trascendentales y devastadores de la historia moderna, dejando una marca indeleble en el sistema financiero global y en las vidas de millones de personas. Este colapso sistémico no fue el resultado de un único evento, sino más bien el desenlace de una serie de factores interconectados que se gestaron durante décadas. Entre estos factores destacan las burbujas inmobiliarias y financieras, una laxitud regulatoria sin precedentes, una asunción imprudente de riesgos por parte de las instituciones financieras y un sistema global que fomentaba la especulación desenfrenada. Para entender cómo se llegó a esta crisis, es fundamental examinar las raíces del problema, que se encuentran en la interacción de múltiples dinámicas económicas, políticas y sociales.

En las décadas previas a la crisis, los mercados financieros globales experimentaron una transformación profunda, marcada por la liberalización y desregulación en numerosos países. Este enfoque permitía a las instituciones financieras operar con una mayor libertad, lo que supuestamente fomentaría la innovación y el crecimiento económico. Sin embargo, también creó un entorno en el que las prácticas arriesgadas y especulativas podían proliferar sin una supervisión adecuada. Una de las piezas clave de este proceso fue la derogación en 1999 de la Ley Glass-Steagall en Estados Unidos, que durante décadas había separado las actividades bancarias comerciales de las de inversión. Con esta barrera desmantelada, los bancos pudieron participar simultáneamente en actividades de depósito tradicionales y en complejas maniobras de inversión, exponiendo a los ahorros de los clientes a niveles de riesgo sin precedentes.

En paralelo, el mercado inmobiliario comenzó a experimentar un auge espectacular, especialmente en Estados Unidos. Este fenómeno fue impulsado por una combinación de factores: tipos de interés históricamente bajos tras la recesión de 2001, políticas gubernamentales que incentivaban la propiedad de vivienda y la proliferación de instrumentos financieros vinculados a las hipotecas. Los bancos, aprovechando el apetito por activos que parecían seguros y rentables, comenzaron a conceder hipotecas a un número cada vez mayor de prestatarios, incluidos aquellos con historiales crediticios deficientes. Estas hipotecas, conocidas como subprime, ofrecían términos iniciales atractivos, pero a menudo incluían tasas ajustables que podían dispararse después de un período introductorio, dejando a los prestatarios vulnerables al incumplimiento.

Las hipotecas subprime, sin embargo, no permanecieron en los balances de los bancos que las originaron. En su lugar, se empaquetaron en instrumentos financieros conocidos como títulos respaldados por hipotecas (MBS, por sus siglas en inglés) y se vendieron a inversores de todo el mundo. Este proceso, conocido como titularización, permitió a los bancos transferir el riesgo a terceros mientras generaban comisiones lucrativas. Los MBS, a su vez, se integraron en productos aún más complejos, como las obligaciones de deuda colateralizada (CDO), que fragmentaban el riesgo y lo distribuían entre una amplia gama de inversores. Sin embargo, la complejidad de estos productos hizo que muchos inversores, e incluso los reguladores, subestimaran o no comprendieran completamente los riesgos involucrados.

El auge del mercado de la vivienda y la titularización crearon una espiral ascendente. A medida que los precios de las viviendas subían, más personas buscaban comprar propiedades, ya fuera como inversión o para su uso personal, lo que aumentaba la demanda y, por ende, los precios. Los bancos, motivados por el apetito de los inversores por MBS y CDO, relajaron aún más sus estándares de préstamo, emitiendo hipotecas a prestatarios con ingresos insuficientes, historiales crediticios cuestionables o sin verificación de ingresos. Esta proliferación de préstamos riesgosos, junto con la creencia generalizada de que los precios de las viviendas nunca bajarían, creó una burbuja inmobiliaria masiva.

La situación se agravó por la interacción entre los bancos, las agencias calificadoras de riesgo y los inversores institucionales. Las agencias calificadoras desempeñaron un papel crucial al otorgar calificaciones de alta calidad (AAA) a muchos de los MBS y CDO, a pesar de que contenían hipotecas subprime y otros activos de alto riesgo. Estas calificaciones crearon una falsa sensación de seguridad entre los inversores, incluidos fondos de pensiones, compañías de seguros y bancos de todo el mundo, que adquirieron estos productos en grandes cantidades. La falta de transparencia sobre la composición y el riesgo inherente de estos productos financieros contribuyó a la acumulación de riesgos sistémicos en el mercado global.

A medida que avanzaba la década de 2000, comenzaron a aparecer fisuras en este sistema aparentemente próspero. En 2006, los precios de las viviendas en Estados Unidos alcanzaron su punto máximo y comenzaron a descender. Este cambio desestabilizó la base del mercado de hipotecas subprime, ya que muchos prestatarios encontraron que sus propiedades valían menos que el monto de sus préstamos. A medida que aumentaban los incumplimientos, los valores de los MBS y CDO que contenían estas hipotecas comenzaron a deteriorarse, provocando pérdidas significativas para los bancos y otros inversores.

La incertidumbre sobre la magnitud de las pérdidas y la exposición de las instituciones financieras generó una crisis de confianza en el sistema. Los bancos, que dependían en gran medida de financiamiento a corto plazo en los mercados de dinero, comenzaron a dudar de la solvencia de sus contrapartes y a restringir el crédito. Este fenómeno, conocido como contracción crediticia, tuvo un efecto dominó en la economía real, ya que las empresas y los consumidores enfrentaron mayores dificultades para acceder a préstamos.

El colapso de Lehman Brothers el 15 de septiembre de 2008 marcó uno de los momentos más oscuros en la historia financiera moderna, y su impacto sobre la City de Londres fue devastador, extendiendo un eco de pánico que se propagó por todo el mundo. Lehman Brothers, un banco de inversión con una historia que se remontaba a más de 150 años no solo era un símbolo del poder financiero de Wall Street, sino también un engranaje fundamental dentro de un sistema financiero global interconectado, en el cual la City desempeñaba un papel central. La quiebra de esta institución no solo evidenció la magnitud de las debilidades estructurales del sistema, sino que también llevó a la City de Londres al borde del caos, alterando para siempre el equilibrio de poder y confianza en su ecosistema financiero.

El colapso de Lehman Brothers no ocurrió en un vacío, sino en un momento en que la crisis de las hipotecas subprime ya había comenzado a erosionar la confianza en los mercados financieros. Durante meses previos, la City de Londres había estado observando con creciente preocupación el deterioro de los mercados estadounidenses y la exposición de las instituciones financieras británicas a los activos tóxicos. Sin embargo, la quiebra de Lehman Brothers llevó esta crisis a un nuevo nivel, desencadenando una reacción en cadena que afectó tanto a los gigantes financieros como a los actores más pequeños del ecosistema de la City.

La City, como uno de los principales centros financieros del mundo, había cultivado durante décadas una posición de liderazgo basada en su capacidad para atraer capital internacional, gestionar riesgos y facilitar el comercio global. Sin embargo, esta fortaleza se convirtió en una vulnerabilidad cuando el sistema financiero global se tambaleó. El colapso de Lehman desencadenó un pánico generalizado que afectó profundamente a la liquidez, un pilar esencial para las operaciones financieras en la City. Los mercados interbancarios se congelaron casi de inmediato, ya que las instituciones dejaron de confiar unas en otras, temiendo que sus contrapartes pudieran estar igualmente expuestas a activos tóxicos o enfrentarse a una quiebra inminente.

Las instituciones financieras de la City, muchas de las cuales habían construido sus modelos de negocio sobre la base de apalancamientos elevados y dependencias significativas del crédito a corto plazo, enfrentaron una presión sin precedentes. Grandes bancos como Royal Bank of Scotland (RBS), Lloyds Banking Group y Barclays se encontraron en el epicentro de la tormenta. RBS, en particular, sufrió enormemente debido a su agresiva expansión y su exposición a activos riesgosos, lo que llevó a uno de los mayores rescates gubernamentales en la historia del Reino Unido. Este rescate, que alcanzó cifras astronómicas, no solo subrayó la gravedad de la crisis, sino que también planteó preguntas fundamentales sobre la sostenibilidad y la regulación del sistema financiero.

La quiebra de Lehman también afectó profundamente a los mercados laborales de la City. Miles de profesionales financieros, desde banqueros de inversión hasta operadores y analistas, se vieron despedidos en un corto período. El colapso económico llevó a una reestructuración masiva en las principales instituciones financieras, muchas de las cuales abandonaron proyectos y redujeron operaciones para sobrevivir. Para un distrito que había sido durante mucho tiempo un símbolo de prosperidad y estabilidad, el panorama de oficinas vacías y despidos masivos fue un golpe significativo a su identidad y prestigio global.

Uno de los aspectos más inquietantes de la crisis fue la incertidumbre sobre la magnitud del daño. La complejidad de los instrumentos financieros y la falta de transparencia en los balances de las instituciones hicieron que fuera casi imposible evaluar con precisión la exposición al riesgo. Esto alimentó una crisis de confianza que paralizó los mercados y llevó a los reguladores y gobiernos a adoptar medidas drásticas para evitar un colapso total. En este contexto, el gobierno del Reino Unido y el Banco de Inglaterra desempeñaron un papel crucial al proporcionar garantías y rescates para estabilizar el sistema financiero. Estas intervenciones fueron controvertidas, pero indispensables para evitar una catástrofe económica aún mayor.

El impacto del colapso de Lehman no se limitó a las instituciones financieras. También afectó profundamente a la economía real, con la City de Londres como un microcosmos de esta dinámica. Empresas de todos los tamaños enfrentaron dificultades para acceder a financiamiento, ya que los bancos restringieron los préstamos en un esfuerzo por reforzar sus propios balances. Esto llevó a una contracción económica generalizada que afectó a múltiples sectores, desde la construcción hasta el comercio minorista. En la City misma, muchas pequeñas empresas y proveedores que dependían de los contratos con las grandes instituciones financieras se vieron obligados a cerrar.

Además, la crisis expuso la dependencia de la City de una base de capital global que, en tiempos de crisis, podía retirarse rápidamente. Los inversores internacionales, preocupados por la estabilidad de los mercados europeos y globales, retiraron fondos masivamente, exacerbando la crisis de liquidez. Esto llevó a una reevaluación de las políticas y estrategias financieras, ya que las instituciones y los reguladores comenzaron a buscar formas de construir un sistema más resiliente.

Uno de los legados más duraderos del colapso de Lehman Brothers en la City fue el cambio en la percepción del riesgo y la regulación. La crisis dejó claro que el enfoque predominante de "autorregulación" no era suficiente para gestionar un sistema financiero tan complejo e interconectado. Esto llevó a reformas significativas, tanto a nivel nacional como internacional. En el Reino Unido, se implementaron nuevas medidas para supervisar y regular las instituciones financieras, incluido el establecimiento de la Autoridad de Regulación Prudencial (PRA) y la expansión de las responsabilidades del Banco de Inglaterra.

Sin embargo, estas reformas también plantearon desafíos. Por un lado, buscaban garantizar que una crisis similar no volviera a ocurrir, pero, por otro, también amenazaban con reducir la competitividad de la City en un mercado global cada vez más regulado. Esto creó un delicado equilibrio entre la necesidad de estabilidad y el deseo de mantener el estatus de Londres como un centro financiero líder.

El impacto del colapso de Lehman Brothers en la City de Londres también tuvo un componente cultural. La crisis alteró la percepción pública del sector financiero, erosionando la confianza en las instituciones y generando un resentimiento generalizado hacia los banqueros y ejecutivos financieros. Este cambio en la opinión pública llevó a un debate más amplio sobre el papel de la ética y la responsabilidad en el sistema financiero, un debate que sigue siendo relevante hoy en día.

El colapso de Lehman Brothers fue, en última instancia, un punto de inflexión para la City de Londres, que tuvo que enfrentarse a desafíos sin precedentes mientras buscaba redefinir su papel en un sistema financiero global en transformación. Si bien la City logró recuperarse, el proceso de reconstrucción fue largo y difícil, dejando lecciones cruciales sobre los riesgos y las fragilidades inherentes de un sistema interconectado y altamente dependiente del capital internacional.

Entre las causas subyacentes de la crisis, es esencial destacar la interacción entre las políticas gubernamentales, las decisiones de las instituciones financieras y las fallas en la regulación. La desregulación de los mercados financieros permitió que los riesgos se acumularan sin una supervisión adecuada, mientras que las políticas monetarias expansivas fomentaron la asunción de riesgos excesivos. Al mismo tiempo, la falta de transparencia en los mercados de titularización y derivados impidió que los inversores comprendieran plenamente los riesgos que estaban asumiendo. Este conjunto de factores creó un entorno en el que las burbujas inmobiliarias y financieras podían inflarse sin control, con consecuencias devastadoras cuando finalmente estallaron.

El impacto de la crisis financiera de 2008 fue profundo y de largo alcance, afectando no solo a las instituciones financieras, sino también a los hogares, las empresas y las economías nacionales en todo el mundo. Aunque las causas y dinámicas de la crisis continúan siendo objeto de debate, su legado es un recordatorio contundente de los riesgos inherentes a un sistema financiero globalizado e interconectado.

La crisis financiera de 2008 marcó un antes y un después en la forma en que se entendía y gestionaba el sector financiero global, y en ningún lugar se sintió esto con mayor intensidad que en la City de Londres. Este epicentro del comercio financiero global enfrentó un desafío existencial en los años posteriores al colapso de Lehman Brothers, no solo debido al daño directo a su reputación y estabilidad, sino también por las profundas reformas regulatorias que se implementaron para evitar una repetición de la catástrofe. Estas reformas fueron tan extensas como controvertidas, alterando las dinámicas fundamentales del sector y llevando a una reestructuración masiva de cómo operaban las instituciones financieras. Sin embargo, el sector financiero de la City, resiliente como siempre, encontró formas de adaptarse y prosperar dentro de este nuevo marco normativo.

El epicentro de las reformas regulatorias estuvo en la necesidad de abordar las vulnerabilidades estructurales que la crisis había expuesto. Antes de 2008, el sistema financiero global, incluida la City, operaba bajo un marco de regulación que era, en el mejor de los casos, insuficiente, y en el peor, peligrosamente laxo. Las instituciones financieras, incentivadas por beneficios de corto plazo y sostenidas por modelos de negocio altamente apalancados, asumieron riesgos desproporcionados que, cuando los mercados se desplomaron, resultaron catastróficos. En este contexto, las reformas regulatorias fueron diseñadas para imponer una disciplina más estricta, mejorar la transparencia y garantizar una mayor capacidad de resistencia frente a futuras crisis.

El Reino Unido introdujo una serie de reformas profundas que afectaron directamente a la City. Una de las medidas más significativas fue la creación de nuevas entidades regulatorias que reemplazaron al modelo anterior liderado por la Autoridad de Servicios Financieros (FSA). En 2013, el gobierno británico disolvió la FSA y redistribuyó sus responsabilidades entre dos nuevos organismos: la Autoridad de Conducta Financiera (FCA) y la Autoridad de Regulación Prudencial (PRA). La FCA se centró en la supervisión de la conducta de las empresas financieras, garantizando que los productos y servicios ofrecidos a los consumidores fueran justos y transparentes. Por otro lado, la PRA, una rama del Banco de Inglaterra asumió la responsabilidad de supervisar la solidez financiera de las instituciones bancarias y aseguradoras, asegurando que estas pudieran resistir futuros choques sistémicos.

Otra reforma clave fue la implementación de requisitos de capital más estrictos para las instituciones financieras, en línea con los estándares internacionales establecidos en Basilea III. Estos requisitos obligaron a los bancos a mantener mayores colchones de capital y liquidez, lo que les permitió absorber mejor las pérdidas en tiempos de estrés financiero. En la City, esto significó una reconfiguración significativa de las estrategias de los grandes bancos, que tuvieron que recapitalizarse a través de emisiones de acciones, ventas de activos no estratégicos y, en algunos casos, una reducción de sus operaciones. Aunque estas medidas inicialmente supusieron una carga significativa para las instituciones, también proporcionaron una base más sólida sobre la cual reconstruir la confianza.

La regulación también abordó la complejidad y opacidad de los mercados financieros, especialmente en lo que respecta a los instrumentos derivados y otras inversiones estructuradas que habían desempeñado un papel central en la crisis de 2008. En la City, esto se tradujo en un esfuerzo por mejorar la transparencia y el control sobre estas operaciones. Nuevas reglas requerían la compensación centralizada de muchos productos derivados a través de cámaras de compensación y el registro de todas las transacciones en repositorios centralizados. Estas medidas no solo ayudaron a reducir el riesgo sistémico, sino que también ofrecieron a los reguladores una visión más clara de las exposiciones y vulnerabilidades del mercado.

El colapso de Lehman Brothers también puso de relieve la importancia de los sistemas bancarios de respaldo, y esto llevó a una mayor atención en los mecanismos de resolución bancaria. El Reino Unido implementó la Ley de Reforma Bancaria de 2009, que introdujo un régimen de resolución diseñado para gestionar la quiebra de instituciones financieras de manera ordenada, minimizando el impacto en los contribuyentes y la economía en general. En la City, esto significó la adopción de planes de resolución interna por parte de los bancos, garantizando que, en caso de dificultades, pudieran desmantelarse sin poner en peligro la estabilidad del sistema.

Además de las reformas regulatorias, el sector financiero de la City enfrentó un escrutinio más amplio sobre su cultura y ética. La percepción pública del sector había sufrido un golpe devastador tras la crisis, y esto llevó a un esfuerzo concertado para abordar las prácticas empresariales que habían contribuido al colapso. En 2015, se introdujo el Régimen de Gerencia Senior (Senior Managers Regime), que responsabilizaba personalmente a los altos ejecutivos de las decisiones tomadas dentro de sus organizaciones. Esta medida, diseñada para fomentar una mayor responsabilidad individual, tuvo un impacto profundo en la forma en que las instituciones financieras operaban y tomaban decisiones estratégicas.

Aunque estas reformas fueron necesarias para estabilizar el sistema, también plantearon desafíos significativos para la City. La imposición de reglas más estrictas y la supervisión más rigurosa aumentaron los costos de cumplimiento y redujeron la rentabilidad de ciertas operaciones, lo que llevó a algunas instituciones a reconsiderar su presencia en Londres. Sin embargo, la City demostró su capacidad de adaptación al reorientarse hacia sectores y mercados emergentes que ofrecían nuevas oportunidades de crecimiento. El aumento de las fintech y la adopción de tecnologías digitales desempeñaron un papel crucial en esta transformación, permitiendo a la City mantener su relevancia y competitividad en un panorama financiero global en evolución.

A pesar de las dificultades iniciales, las reformas regulatorias también trajeron consigo ciertos beneficios para la City. Al reforzar la estabilidad del sistema y mejorar la transparencia, estas medidas ayudaron a restaurar la confianza de los inversores y clientes, tanto en el Reino Unido como a nivel internacional. Esto permitió a Londres retener su posición como un centro financiero líder, atrayendo flujos de capital y talento incluso en un contexto de creciente competencia global.

En última instancia, el sector financiero de la City consiguió salir adelante gracias a una combinación de medidas regulatorias, innovación y resiliencia. La crisis había expuesto las debilidades del sistema, pero también había brindado una oportunidad para abordar esos problemas de manera decisiva y construir un marco más sólido y sostenible. Aunque el camino hacia la recuperación fue largo y lleno de desafíos, la City logró no solo estabilizarse, sino también adaptarse y evolucionar, consolidando su posición como un pilar clave del sistema financiero global en un mundo que, tras la crisis, había cambiado para siempre.

6.2. El Brexit (2016-2020)

El rol de la City de Londres en el mercado europeo ha sido una piedra angular en la arquitectura económica y financiera de Europa durante siglos. Su posición como el corazón financiero no solo del Reino Unido, sino también del continente europeo, se forjó a través de una combinación de factores históricos, institucionales y geográficos que le otorgaron un estatus único. Sin embargo, este papel ha evolucionado de manera significativa antes y después del Brexit, el cual marcó un punto de inflexión en las dinámicas de poder y en las relaciones económicas entre la City y la Unión Europea (UE). La separación formal del Reino Unido de la UE a partir del referéndum de 2016 y su implementación en 2020 trajo consigo cambios profundos, tanto en el acceso a los mercados como en las percepciones sobre la estabilidad y el atractivo de Londres como centro financiero global.

Antes del Brexit, la City de Londres era el principal puente financiero entre el Reino Unido y el resto de Europa. Como miembro de la Unión Europea, el Reino Unido disfrutaba del acceso sin restricciones al mercado único, una ventaja que situaba a la City en una posición privilegiada. Gracias al llamado "pasaporte financiero", las instituciones financieras con sede en Londres podían ofrecer servicios en toda la UE sin necesidad de establecer entidades legales separadas en cada país miembro. Esto no solo facilitó el flujo de capital y servicios, sino que también consolidó a la City como un imán para los bancos internacionales, las aseguradoras y los gestores de activos que deseaban operar en el vasto mercado europeo desde una ubicación central y altamente desarrollada.

La City, con su ecosistema financiero excepcionalmente denso, proporcionaba ventajas difíciles de replicar en otras partes de Europa. Desde su infraestructura jurídica y regulatoria, profundamente respetada, hasta su mano de obra altamente calificada y su acceso a los mercados de capital globales, Londres era el centro de referencia para todo tipo de transacciones financieras. Además, su estatus como núcleo de comercio en divisas, derivados, seguros y financiamiento de proyectos le otorgaba una influencia desproporcionada en la economía europea. Más allá de los bancos y las instituciones financieras, el ecosistema de la City incluía bufetes de abogados de prestigio, firmas de contabilidad y consultorías estratégicas, creando un círculo virtuoso que alimentaba su preeminencia.

Sin embargo, el referéndum del Brexit y sus posteriores desarrollos trajeron consigo incertidumbres masivas. La perspectiva de perder el acceso al mercado único obligó a muchas instituciones financieras a reconsiderar sus estrategias a largo plazo. Desde el inicio del proceso de separación, se generaron preocupaciones sobre la fragmentación del mercado financiero europeo, el aumento de los costos operativos y la pérdida de influencia de Londres en las decisiones regulatorias y políticas del continente. La incertidumbre que rodeaba las negociaciones de salida fue suficiente para que algunas empresas comenzaran a trasladar personal y operaciones clave a otros centros financieros europeos, como Fráncfort, París, Dublín y Ámsterdam.

Tras la implementación del Brexit, los efectos comenzaron a materializarse de manera más visible. La City perdió el acceso al pasaporte financiero, lo que significaba que las instituciones con sede en Londres ya no podían operar automáticamente en la UE. Esto llevó a una reconfiguración significativa de las operaciones financieras. Se calcula que miles de empleos del sector financiero se trasladaron a otras ciudades europeas, junto con billones de euros en activos que fueron reubicados para garantizar el cumplimiento de las normativas europeas. Aunque Londres mantuvo su estatus como centro financiero global, el cambio en las dinámicas subrayó las limitaciones impuestas por la nueva relación entre el Reino Unido y la UE.

Uno de los cambios más significativos fue el impacto en el comercio de acciones y derivados. Antes del Brexit, Londres dominaba estos mercados en Europa, actuando como un centro clave para la negociación y liquidación de instrumentos financieros. Después de la salida del Reino Unido de la UE, las plataformas de negociación tuvieron que trasladar volúmenes significativos de operaciones a otras ciudades europeas para cumplir con las normativas de la UE. Esto no solo afectó los ingresos generados por estas actividades en Londres, sino que también fragmentó el mercado financiero europeo, lo que llevó a un aumento de los costos y a una menor eficiencia en algunos casos.

A pesar de estos desafíos, la City de Londres ha mostrado una notable resiliencia. Su capacidad para adaptarse a las nuevas circunstancias se ha visto impulsada por su infraestructura de clase mundial, su profundidad en mercados como el de divisas y su atractivo para inversores globales. Además, las autoridades británicas han buscado capitalizar la independencia regulatoria obtenida tras el Brexit para reforzar la competitividad de la City. Esto incluye iniciativas para revisar y modernizar las normas financieras, promover la innovación tecnológica en sectores como las fintech y garantizar que Londres siga siendo un líder global en áreas emergentes como las finanzas verdes.

Sin embargo, la relación entre la City y la UE sigue siendo compleja y cargada de tensiones. Aunque el Reino Unido ha buscado acuerdos de equivalencia para mantener algún grado de acceso al mercado europeo, estos han sido limitados y sujetos a revisiones periódicas. La falta de un acuerdo integral sobre servicios financieros ha dejado a la City en una posición de incertidumbre, obligando a las instituciones financieras a operar bajo un marco menos favorable que el que existía antes del Brexit.

Por otro lado, los cambios también han abierto oportunidades para otras ciudades europeas, que han buscado atraer empresas y talento financiero desde Londres. Fráncfort, con su proximidad al Banco Central Europeo, y París, con su atractivo cultural y económico, han sido dos de los principales beneficiarios. Sin embargo, hasta ahora, ninguna ciudad ha logrado replicar el ecosistema financiero completo que caracteriza a la City, lo que subraya la magnitud de su legado y la dificultad de desplazar completamente su dominio.

El Brexit, entendido como la salida del Reino Unido de la Unión Europea (UE), representa uno de los episodios más polarizantes y significativos en la historia reciente del Reino Unido y de Europa. Su desarrollo, impregnado de tensiones políticas, estrategias económicas, promesas ambiguas y un juego político sin precedentes, fue el resultado de décadas de descontento acumulado, complejos debates sobre soberanía nacional y una narrativa política hábilmente manipulada que apeló tanto al orgullo como a las preocupaciones de amplios sectores de la sociedad británica.

Para comprender plenamente el surgimiento del Brexit, es necesario retroceder a 1973, cuando el Reino Unido ingresó a la Comunidad Económica Europea (CEE), el precursor de la UE. Desde el principio, esta relación estuvo marcada por ambivalencias. Aunque se percibió como una necesidad económica tras los desafíos que enfrentó el país durante el periodo de descolonización y la pérdida de poder global, la adhesión a la CEE suscitó recelos entre los sectores más conservadores, que veían la integración europea como una amenaza a la soberanía británica. Esta sensación de incomodidad quedó reflejada en el referéndum de 1975, en el que el 67% de los votantes apoyaron permanecer en la CEE, aunque con notables divisiones dentro del Partido Laborista y otros grupos.

Con el paso de las décadas, la integración europea se profundizó, especialmente tras la creación de la UE en 1993 con el Tratado de Maastricht. Este tratado no solo formalizó la unión económica y política de los estados miembros, sino que también introdujo una serie de políticas comunes en ámbitos como la justicia, los derechos de los ciudadanos y la política exterior, generando tensiones dentro del Reino Unido. En particular, la percepción de que Bruselas ejercía un control excesivo sobre la legislación nacional avivó las críticas. Este sentimiento se exacerbó por decisiones como la imposición de cuotas agrícolas y pesqueras, que afectaron desproporcionadamente a comunidades rurales y costeras británicas.

En este contexto, el Partido de la Independencia del Reino Unido (UKIP), fundado en 1993, comenzó a ganar relevancia al capitalizar el descontento con la UE. Bajo el liderazgo de figuras como Nigel Farage, el UKIP consolidó una narrativa que vinculaba a la UE con una supuesta pérdida de identidad nacional, un exceso de inmigración y una burocracia lejana que socavaba los intereses británicos. Este discurso encontró eco entre amplios sectores de la población, especialmente en regiones postindustriales que habían sufrido décadas de desinversión y estancamiento económico, exacerbando una brecha entre Londres, más cosmopolita, y el resto del país.

El ascenso del UKIP y el descontento palpable con la UE llevaron al entonces primer ministro David Cameron, líder del Partido Conservador, a prometer un referéndum sobre la permanencia en la UE como parte de su campaña electoral en 2015. Cameron confiaba en que esta estrategia no solo neutralizaría las presiones internas dentro de su partido, donde el euroescepticismo estaba en aumento, sino que también fortalecería su liderazgo al resolver de una vez por todas el "problema europeo". Sin embargo, esta decisión resultó ser un grave error de cálculo.

El referéndum, celebrado el 23 de junio de 2016, estuvo precedido por una de las campañas políticas más divisivas en la historia británica. El bando a favor de la salida, conocido como "Vote Leave", promovió mensajes que apelaban a emociones viscerales y prometían una recuperación del control soberano del Reino Unido. Uno de los lemas más influyentes fue "Take Back Control", que resonó profundamente entre quienes se sentían marginados por las élites políticas y económicas. La campaña también explotó temores relacionados con la inmigración, a menudo utilizando datos tergiversados o directamente falsos, como la afirmación de que el Reino Unido enviaba 350 millones de libras semanales a la UE, dinero que, según prometían, podría destinarse al sistema nacional de salud (NHS).

El papel de los medios de comunicación, especialmente los tabloides, fue crucial en este periodo. Periódicos como *The Sun* y *The Daily Mail* amplificaron las críticas hacia la UE, publicando historias sensacionalistas que a menudo presentaban a Bruselas como un opresor burocrático. Al mismo tiempo, la campaña por la permanencia, liderada por el propio Cameron y el bando conocido como "Remain", se centró en advertir sobre las consecuencias económicas negativas del Brexit, pero fracasó en ofrecer una narrativa positiva y convincente sobre los beneficios de la membresía en la UE. Este enfoque, percibido como elitista y desconectado de las preocupaciones reales de los votantes, contribuyó a su fracaso.

El día del referéndum, el 51,9% de los votantes optaron por abandonar la UE frente al 48,1% que votó por permanecer. El resultado reveló profundas divisiones en la sociedad británica, no solo en términos geográficos, con Escocia, Irlanda del Norte y Londres mayoritariamente a favor de permanecer, sino también generacionales, con los votantes jóvenes inclinándose hacia la permanencia y los mayores hacia la salida. Además, el resultado expuso una desconexión entre la clase política y amplios sectores de la población, alimentada por años de austeridad económica y una creciente sensación de pérdida de control.

Tras el referéndum, la política británica entró en un periodo de caos. Cameron renunció inmediatamente, dejando a su sucesora, Theresa May, la ardua tarea de negociar la salida de la UE. Las negociaciones se vieron marcadas por desacuerdos internos, tanto dentro del Partido Conservador como en el Parlamento, así como por una falta de claridad sobre qué tipo de relación futura debía establecerse con la UE. Este periodo estuvo plagado de crisis políticas, incluyendo repetidos intentos fallidos de May de aprobar un acuerdo de retirada, lo que finalmente llevó a su dimisión y al ascenso de Boris Johnson como primer ministro.

El Brexit también reveló las complejidades y contradicciones inherentes a la decisión de salir de la UE. La promesa de "recuperar el control" chocó con la realidad de que el Reino Unido seguía dependiendo de Europa para una parte significativa de su comercio y su estabilidad económica. Además, el tema de la frontera entre Irlanda del Norte y la República de Irlanda se convirtió en un punto crítico, ya que la reimposición de controles fronterizos amenazaba con desestabilizar el delicado equilibrio logrado con el Acuerdo de Viernes Santo de 1998.

El acuerdo final de retirada, firmado en enero de 2020, estableció las bases para una nueva relación entre el Reino Unido y la UE, pero dejó muchos aspectos sin resolver. Aunque el Reino Unido logró abandonar la unión aduanera y el mercado único, lo hizo a costa de mayores barreras comerciales y una pérdida de influencia en las decisiones europeas. A pesar de las promesas de los defensores del Brexit, la economía británica enfrentó desafíos significativos, incluyendo una disminución del comercio con la UE y un impacto negativo en sectores clave como el financiero y el automotriz.

Tras el Brexit, la City incrementó, si cabe, la atracción de mercados globales alternativos, que ha sido un componente esencial en la evolución de las grandes plazas financieras, especialmente en un contexto de transformación económica global y de competencia cada vez más intensa entre centros financieros internacionales. A medida que las economías emergentes comenzaron a consolidarse como potencias económicas a lo largo del siglo XXI, Londres, con su historia de adaptabilidad y ambición, se vio obligada a redefinir su papel en un entorno donde los mercados tradicionales ya no garantizaban el crecimiento perpetuo ni el dominio exclusivo. Esta evolución no surgió de manera espontánea, sino que fue el resultado de un proceso que combinó estrategias deliberadas, la necesidad de responder a nuevas dinámicas económicas y la capacidad de anticipar oportunidades en mercados hasta entonces inexplorados o subestimados.

La historia de Londres como centro financiero global siempre ha estado marcada por su capacidad para integrar nuevas economías y adaptarse a las demandas cambiantes del comercio y las finanzas internacionales. Desde los días en que la Compañía de las Indias Orientales estableció rutas comerciales con Asia hasta el periodo de la industrialización, cuando la City desempeñó un papel crucial en la financiación del comercio y la industria globales, Londres ha sido un actor clave en la mediación entre las economías desarrolladas y emergentes. Sin embargo, los cambios geopolíticos y económicos del siglo XX, incluidas las dos guerras mundiales, la descolonización y el ascenso de nuevas potencias económicas como Estados Unidos y Japón, obligaron a la City a diversificar y renovar constantemente su enfoque.

El auge de los mercados globales alternativos comenzó a consolidarse con la transformación económica de regiones como Asia, América Latina, Oriente Medio y África a partir de la segunda mitad del siglo XX. En particular, el crecimiento explosivo de economías como China, India, Brasil y los estados del Golfo Árabe, impulsado por la liberalización económica, la industrialización y el aumento del comercio internacional, ofreció nuevas oportunidades para las instituciones financieras globales. Londres, consciente de su dependencia de las economías occidentales tradicionales, comenzó a mirar más allá de sus mercados tradicionales para captar el dinamismo de estas economías emergentes. Esta estrategia no solo buscaba diversificar riesgos, sino también asegurar que la City mantuviera su relevancia en un mundo cada vez más multipolar.

El atractivo de estos mercados emergentes radicaba en su potencial de crecimiento. Mientras las economías desarrolladas enfrentaban desafíos como el envejecimiento demográfico, el estancamiento del crecimiento económico y la sobreexposición a crisis financieras, los mercados emergentes ofrecían una combinación de juventud demográfica, urbanización acelerada y un rápido desarrollo tecnológico e industrial. Por ejemplo, la creciente clase media en países como China e India no solo representaba un mercado de consumo en expansión, sino también una oportunidad para la provisión de servicios financieros avanzados, como la gestión de activos, los seguros y el financiamiento de proyectos de infraestructura a gran escala.

En este contexto, las instituciones financieras de Londres comenzaron a establecer vínculos más estrechos con estos mercados. Un ejemplo notable fue el desarrollo del renminbi chino como moneda internacional. Londres se posicionó como el principal centro de comercio offshore para el renminbi fuera de Asia, aprovechando su infraestructura financiera avanzada, su experiencia en el comercio de divisas y su reputación como un centro confiable y transparente. Este movimiento fue respaldado por acuerdos bilaterales entre el Reino Unido y China, que incluyeron la emisión de bonos en renminbi en la Bolsa de Londres y la inclusión de Londres en la Iniciativa de la Franja y la Ruta, un ambicioso proyecto chino para conectar Asia, Europa y África a través de infraestructura y comercio.

Otro ejemplo significativo fue el fortalecimiento de los lazos con las economías del Golfo Pérsico, donde los ingresos generados por el petróleo y el gas impulsaron una acumulación masiva de capital. Los fondos soberanos de países como Qatar, Emiratos Árabes Unidos y Arabia Saudita se convirtieron en actores clave en los mercados financieros globales, y Londres fue uno de los destinos preferidos para sus inversiones. La City no solo ofreció acceso a mercados financieros avanzados, sino también una plataforma para gestionar activos y realizar transacciones complejas en sectores como bienes raíces, tecnología y energía renovable. Los eventos como la Expo 2020 en Dubái y el programa Visión 2030 de Arabia Saudita destacaron aún más el potencial de esta región, atrayendo la atención de instituciones financieras de todo el mundo.

En América Latina, el enfoque de Londres se centró en la financiación de infraestructuras y en el comercio de materias primas, áreas donde la experiencia de la City ofrecía una ventaja competitiva. Países como Brasil, México y Chile se convirtieron en socios clave, especialmente en sectores como la minería, la energía y la agricultura. A medida que estos países buscaban diversificar sus economías y modernizar su infraestructura, Londres se posicionó como un proveedor crucial de capital y conocimientos técnicos. El auge de los bonos verdes, diseñados para financiar proyectos sostenibles, fue particularmente relevante en esta región, ya que las preocupaciones sobre el cambio climático impulsaron la demanda de soluciones financieras innovadoras.

En África, la narrativa fue similar, aunque con desafíos únicos. Si bien el continente enfrentaba barreras significativas, como la falta de infraestructura y la inestabilidad política en algunas regiones, también ofrecía oportunidades incomparables debido a su riqueza en recursos naturales y su población joven y en rápido crecimiento. Londres trabajó para establecerse como un socio financiero clave, facilitando la inversión extranjera directa y desarrollando mercados de capital locales. Programas como el London-Africa Investment Summit subrayaron el compromiso de la City con la región, destacando iniciativas para fomentar el desarrollo sostenible y mejorar el acceso al financiamiento para pequeñas y medianas empresas africanas.

La expansión hacia mercados globales alternativos no estuvo exenta de desafíos. La competencia con otros centros financieros, como Nueva York, Singapur y Hong Kong, fue feroz. Estos centros ofrecían sus propias ventajas, desde proximidad geográfica hasta marcos regulatorios más favorables, obligando a Londres a mantenerse a la vanguardia en términos de innovación y adaptabilidad. Además, los riesgos asociados con la inestabilidad económica y política en algunos mercados emergentes requerían una gestión cuidadosa y una evaluación constante.

El papel de las tecnologías financieras (fintech) también fue crucial en este proceso. Londres, con su ecosistema fintech altamente desarrollado, pudo ofrecer soluciones innovadoras para abordar las necesidades específicas de los mercados emergentes, como el acceso a servicios bancarios en regiones con baja penetración financiera o la implementación de sistemas de pago digitales. Esto no solo fortaleció la posición de la City como líder en innovación financiera, sino que también creó nuevas oportunidades para colaborar con economías en rápido desarrollo.

En última instancia, la atracción de mercados globales alternativos representó un paso estratégico para garantizar la relevancia y sostenibilidad de la City en un panorama económico global en constante cambio. Este enfoque no solo permitió a Londres diversificar sus fuentes de ingresos y reducir su dependencia de las economías occidentales tradicionales, sino que también consolidó su reputación como un centro financiero verdaderamente global, capaz de adaptarse y prosperar en un mundo cada vez más interconectado y competitivo.

6.3. Sostenibilidad y FinTech

La intersección entre sostenibilidad y tecnología financiera, conocida como FinTech, ha emergido como uno de los desarrollos más significativos en el ámbito de las finanzas globales en el siglo XXI. Este fenómeno no solo refleja la creciente preocupación mundial por el cambio climático y el agotamiento de los recursos naturales, sino también la necesidad urgente de movilizar capital hacia soluciones sostenibles a través de la innovación tecnológica. La combinación de estos dos pilares, las finanzas verdes y la tecnología financiera, ha comenzado a redefinir cómo se estructura, canaliza y supervisa el flujo de capital en un mundo cada vez más enfocado en la sostenibilidad ambiental y social.

El concepto de finanzas verdes ha cobrado importancia en el contexto de las crecientes demandas para abordar la crisis climática. Con eventos meteorológicos extremos, el aumento del nivel del mar y la pérdida de biodiversidad como recordatorios constantes de la urgencia de actuar, los mercados financieros han respondido con la creación de herramientas y productos específicos que canalicen fondos hacia proyectos sostenibles. Entre ellos destacan los bonos verdes, diseñados específicamente para financiar iniciativas relacionadas con la mitigación del cambio climático, como proyectos de energía renovable, infraestructura resiliente al clima y tecnologías de eficiencia energética. Estos bonos, cuyo mercado global ha experimentado un crecimiento exponencial, representan una señal tangible de cómo las finanzas pueden ser redirigidas hacia objetivos que trascienden el lucro inmediato.

En este contexto, la tecnología financiera ha desempeñado un papel fundamental al democratizar el acceso al capital y proporcionar herramientas innovadoras para evaluar y gestionar riesgos asociados con la sostenibilidad. Las plataformas FinTech han revolucionado la forma en que las personas y las instituciones interactúan con el sistema financiero, permitiendo la creación de soluciones específicas para la financiación sostenible. Por ejemplo, las plataformas de crowdfunding se han convertido en un mecanismo clave para financiar proyectos comunitarios de energía limpia, mientras que las aplicaciones de microfinanzas digitales han permitido a comunidades marginadas participar en economías bajas en carbono.

La incorporación de tecnologías avanzadas como la inteligencia artificial y el aprendizaje automático ha ampliado aún más las posibilidades de las finanzas sostenibles. Estas herramientas permiten analizar grandes volúmenes de datos en tiempo real, identificando patrones que pueden mejorar la eficiencia de los proyectos verdes y mitigar riesgos. Por ejemplo, en el sector agrícola, los modelos predictivos basados en inteligencia artificial pueden optimizar el uso del agua y los fertilizantes, reduciendo así el impacto ambiental mientras se mejora la productividad. Del mismo modo, los sistemas basados en blockchain han demostrado ser particularmente útiles en el monitoreo de la sostenibilidad de las cadenas de suministro, garantizando que los productos etiquetados como "verdes" cumplan con los estándares establecidos.

El auge de las finanzas verdes y la FinTech también ha estado acompañado por un cambio significativo en las expectativas sociales y regulatorias. Los consumidores, especialmente las generaciones más jóvenes, exigen cada vez más que las empresas adopten prácticas sostenibles y transparentes. Esta presión ha llevado a una proliferación de productos financieros que integran criterios ambientales, sociales y de gobernanza (ESG, por sus siglas en inglés) en su diseño. Los fondos de inversión ESG, que buscan generar retornos financieros al tiempo que promueven un impacto positivo, han experimentado una demanda sin precedentes, impulsados tanto por inversionistas individuales como institucionales.

A nivel regulatorio, los gobiernos y organismos internacionales han comenzado a establecer marcos para fomentar la transición hacia una economía más sostenible. La Unión Europea, por ejemplo, ha liderado iniciativas como el Plan de Acción de Finanzas Sostenibles, que incluye la creación de una taxonomía para definir qué actividades económicas pueden considerarse sostenibles. Este enfoque normativo no solo proporciona claridad a los inversionistas, sino que también crea incentivos para que las empresas adopten prácticas sostenibles, ampliando así el alcance de las finanzas verdes.

No obstante, el camino hacia una integración completa de la sostenibilidad y la tecnología financiera no está exento de desafíos. Uno de los principales obstáculos es la falta de estándares uniformes para medir y reportar el impacto ambiental y social de las inversiones. Aunque se han realizado avances significativos en la creación de métricas y marcos comunes, la ausencia de un sistema globalmente aceptado dificulta la comparación entre proyectos y la verificación de los resultados. Además, el riesgo de "greenwashing", o la práctica de exagerar o falsificar los méritos ambientales de un producto financiero, sigue siendo una preocupación persistente, subrayando la necesidad de mayor transparencia y supervisión.

Otro desafío importante es garantizar que las innovaciones tecnológicas en el ámbito de las finanzas sostenibles sean accesibles para todos. A pesar del crecimiento de las plataformas FinTech, persisten barreras significativas en términos de inclusión financiera, especialmente en las regiones más pobres y vulnerables del mundo. Si bien la tecnología tiene el potencial de cerrar estas brechas, también existe el riesgo de que exacerbe las desigualdades existentes si no se implementa de manera equitativa.

Por otro lado, el papel de los grandes actores financieros tradicionales sigue siendo crucial. Aunque las startups FinTech han sido líderes en la innovación sostenible, los bancos y fondos de inversión más grandes tienen los recursos y la influencia necesarios para escalar estas soluciones a nivel global. Esto ha llevado a un aumento de las colaboraciones entre instituciones tradicionales y empresas FinTech, combinando la experiencia y la escala de los primeros con la agilidad y creatividad de los segundos.

El impacto de la pandemia de COVID-19 también ha acelerado la integración de la sostenibilidad y la tecnología en las finanzas. La crisis económica y social resultante destacó la importancia de construir sistemas resilientes y sostenibles, lo que llevó a un renovado interés por las inversiones verdes. Al mismo tiempo, la pandemia catalizó la adopción de tecnologías digitales, desde pagos electrónicos hasta plataformas de inversión en línea, ampliando las posibilidades de las finanzas sostenibles en un mundo post-pandemia.

7. La City Hoy y su Perspectiva Futura

7.1. Rol actual en el sistema financiero global

La City de Londres, un espacio geográficamente reducido pero de enorme influencia, sigue siendo un núcleo central del sistema financiero global, desempeñando un papel que trasciende las fronteras del Reino Unido y abarcando una variedad de funciones que consolidan su estatus como epicentro económico. Aunque su relevancia ha evolucionado y enfrentado desafíos significativos, particularmente en las últimas décadas debido al Brexit, las crisis financieras y la competencia de otros centros financieros, la City continúa siendo un engranaje indispensable en la maquinaria del capitalismo global. Su rol actual se sustenta en una combinación de tradición, infraestructura avanzada, capacidad de innovación y una regulación que, aunque en constante adaptación, busca mantener su competitividad en un mercado globalizado.

La City es el hogar de una concentración única de instituciones financieras, incluidas multinacionales bancarias, firmas de inversión, compañías de seguros y despachos legales que atienden las necesidades del comercio y las finanzas internacionales. Esta densidad no tiene paralelo en el mundo, lo que convierte a la City en un ecosistema financiero autónomo, donde las decisiones que se toman en sus oficinas tienen repercusiones globales. Uno de los aspectos más significativos de su rol actual es su capacidad para facilitar el flujo de capitales internacionales, actuando como un puente entre economías desarrolladas y emergentes. Londres se destaca como una puerta de entrada para los inversionistas globales que buscan acceder a los mercados europeos y como un punto de partida para empresas europeas que desean expandirse a nivel mundial.

El mercado de divisas es un ejemplo paradigmático de la influencia de la City. Londres se mantiene como el centro principal del comercio global de divisas, manejando más del 40% del volumen diario mundial. Este dominio se debe a una combinación de factores, como su ubicación geográfica estratégica, que permite operar en los husos horarios de Asia, Europa y América en un solo día laboral; su infraestructura tecnológica avanzada, que soporta operaciones de alta frecuencia; y su acceso a una fuerza laboral altamente cualificada. Las instituciones con sede en la City han sido cruciales en la creación y mantenimiento de mercados líquidos y eficientes, lo que a su vez respalda el comercio internacional y la estabilidad económica.

En el ámbito de los mercados de capitales, la City también desempeña un papel central. La Bolsa de Valores de Londres sigue siendo un lugar clave para la emisión de acciones y bonos, proporcionando a las empresas una plataforma para recaudar capital en un entorno regulatorio bien desarrollado y con un historial de transparencia. Aunque ha enfrentado una mayor competencia de mercados como Nueva York, Hong Kong y Singapur, la Bolsa de Londres conserva su atractivo debido a su estructura bien integrada, que combina tecnología de última generación con una tradición de integridad y confianza. Además, la City ha sido un líder en el desarrollo de instrumentos financieros innovadores, como los bonos verdes, que reflejan el creciente interés por la sostenibilidad en las inversiones.

En el sector de seguros, Londres ocupa una posición destacada como el centro mundial de seguros especializados y reaseguros. Lloyd's of London, en particular, simboliza esta fortaleza, ofreciendo coberturas para riesgos únicos y complejos que no suelen ser abordados por otros mercados. La capacidad de la City para gestionar estos riesgos de manera efectiva refuerza su reputación como un lugar donde las empresas pueden encontrar soluciones a desafíos financieros altamente especializados.

El auge de las tecnologías financieras ha añadido una nueva dimensión al papel de la City en el sistema financiero global. Londres ha emergido como un centro líder en FinTech, albergando una comunidad vibrante de startups, capitalistas de riesgo y reguladores que trabajan en conjunto para impulsar la innovación. Desde plataformas de pagos digitales hasta aplicaciones de gestión de inversiones y tecnologías blockchain, las empresas FinTech en la City están transformando la manera en que se ofrecen y consumen los servicios financieros. Este sector no solo contribuye significativamente a la economía local, sino que también refuerza el papel de Londres como un punto focal para la innovación financiera a nivel mundial.

Otro aspecto crucial del rol actual de la City es su capacidad para actuar como un centro de arbitraje legal y resolución de disputas internacionales. Los tribunales comerciales de Londres son ampliamente reconocidos por su imparcialidad, competencia y precedentes legales bien establecidos, lo que los convierte en una elección preferida para resolver disputas contractuales complejas. Esta función jurídica complementa el entorno financiero, proporcionando un marco confiable para las transacciones internacionales.

El impacto del Brexit ha planteado desafíos significativos para la City, particularmente en términos de acceso al mercado único europeo y la capacidad de operar bajo pasaportes financieros que antes facilitaban las operaciones transfronterizas. Sin embargo, lejos de ser un golpe fatal, el Brexit ha llevado a la City a reinventarse, buscando oportunidades en mercados globales alternativos y fortaleciendo su papel en áreas como la banca de inversión, el comercio de divisas y las finanzas verdes. Esta capacidad de adaptación subraya la resiliencia de la City y su habilidad para mantener su relevancia en un panorama económico en constante cambio.

En términos de regulación, la City ha sido pionera en equilibrar la necesidad de innovación con la estabilidad financiera. Las autoridades reguladoras, como la Financial Conduct Authority (FCA) y el Banco de Inglaterra, han adoptado enfoques proactivos para supervisar el sector financiero, promoviendo la transparencia y reduciendo los riesgos sistémicos. Al mismo tiempo, han trabajado para crear un entorno que fomente la innovación, asegurándose de que la City siga siendo atractiva para nuevos participantes y capital extranjero.

La City se consolidó como la sede de instituciones clave y mercados financieros a lo largo de varios siglos de transformación económica, política y social. Este proceso no fue espontáneo, sino el resultado de una combinación de factores históricos, geográficos y culturales que convirtieron a esta pequeña área en el corazón de las finanzas globales. Desde sus primeros días como centro de comercio fluvial en el río Támesis hasta su posición moderna como un epicentro financiero, la City ha sido testigo y protagonista de un crecimiento gradual, pero implacable, que la ha vinculado intrínsecamente al desarrollo de las principales instituciones financieras del mundo.

El establecimiento de instituciones clave en la City comenzó con el surgimiento de gremios y corporaciones mercantiles en la Edad Media. Estas organizaciones regulaban el comercio y protegían los intereses de sus miembros, proporcionando una base temprana de gobernanza económica. Con el tiempo, la influencia de estos gremios se expandió, atrayendo comerciantes y empresarios de toda Europa. Fue en este período cuando se sentaron las bases para la centralización de la actividad comercial en Londres, favorecida por su ubicación estratégica y el acceso al río Támesis, que servía como una arteria esencial para el transporte de bienes.

A medida que el comercio internacional crecía durante los siglos XVI y XVII, la City comenzó a transformarse en un centro financiero de mayor envergadura. La fundación de la Bolsa de Londres en 1698 marcó un punto de inflexión, proporcionando un mercado estructurado para la negociación de acciones y bonos. Esto no solo fomentó el crecimiento de las empresas británicas, sino que también atrajo capital extranjero, consolidando a Londres como un destino privilegiado para la inversión. Paralelamente, la creación del Banco de Inglaterra en 1694 desempeñó un papel crucial al proporcionar estabilidad financiera y actuar como un prestamista de última instancia en tiempos de crisis. Estas dos instituciones, el Banco de Inglaterra y la Bolsa de Londres, se convirtieron en pilares fundamentales de la economía británica y global.

Durante el siglo XVIII, la City consolidó su posición como un núcleo de financiamiento para la expansión imperial británica. Las instituciones bancarias, como Barings Bank y Rothschild, desempeñaron un papel esencial al financiar proyectos de infraestructura, comercio y exploración en las colonias. Este período también vio la emergencia de mercados de seguros, encabezados por Lloyd's of London, que aseguraban riesgos relacionados con el comercio marítimo. Estas innovaciones no solo diversificaron la economía de la City, sino que también atrajeron a empresarios e inversionistas de toda Europa, fortaleciendo aún más su influencia.

El siglo XIX trajo consigo la revolución industrial, un cambio transformador que aceleró el desarrollo de la City como un centro financiero global. La necesidad de financiar proyectos industriales masivos llevó a la creación de nuevas instituciones bancarias y de crédito. Además, el avance del transporte, como los ferrocarriles y los barcos a vapor, facilitó la conexión entre Londres y otros mercados internacionales, aumentando el flujo de capitales. Durante este período, la City se convirtió en el epicentro del sistema del patrón oro, que estableció la libra esterlina como la moneda de reserva mundial. Este sistema reforzó la confianza en el mercado financiero de Londres, atrayendo depósitos y transacciones internacionales a una escala sin precedentes.

La centralización de los mercados financieros en la City también estuvo impulsada por su capacidad para adaptarse a los cambios regulatorios y tecnológicos. A medida que otros centros financieros en Europa y América del Norte emergían como competidores, Londres mantuvo su ventaja mediante la adopción de nuevas tecnologías, como el telégrafo, que permitía la comunicación casi instantánea con otros mercados. Además, las reformas legales y fiscales implementadas por el gobierno británico fortalecieron la posición de la City como un lugar confiable y atractivo para hacer negocios.

El siglo XX fue testigo de nuevas transformaciones que consolidaron aún más el papel de la City. La Primera Guerra Mundial y la Gran Depresión pusieron a prueba su resiliencia, pero también llevaron a la creación de nuevas instituciones financieras para manejar las complejidades de una economía global en evolución. Durante la Segunda Guerra Mundial, la City sufrió devastadores bombardeos que destruyeron parte de su infraestructura física, pero no su capacidad para liderar en el ámbito financiero. En las décadas posteriores, la City fue reconstruida y modernizada, atrayendo nuevamente a instituciones clave y reafirmando su posición como un centro financiero global.

La desregulación de los mercados financieros en la década de 1980, conocida como el Big Bang, marcó otro hito en la historia de la City. Este cambio eliminó muchas de las restricciones comerciales tradicionales, fomentando una mayor competencia e innovación. La liberalización atrajo a instituciones financieras internacionales, que establecieron sus oficinas centrales en Londres para aprovechar el acceso al mercado europeo y la experiencia financiera de la City. La introducción de tecnologías avanzadas durante este período también transformó la manera en que se realizaban las transacciones, haciendo que la City se adaptara rápidamente al mundo digital.

En el siglo XXI, la City se enfrenta a nuevos desafíos y oportunidades. La globalización ha llevado a una competencia más intensa con otros centros financieros, como Nueva York, Hong Kong y Singapur. Sin embargo, la City ha mantenido su relevancia al seguir siendo la sede de instituciones clave, como el Banco de Inglaterra, la Bolsa de Londres y Lloyd's, además de ser un centro líder en finanzas verdes y tecnología financiera. Su capacidad para atraer talento global y capital extranjero sigue siendo un factor decisivo en su éxito continuo.

7.2. Desafíos en un mundo multipolar

La competencia con otros centros financieros emergentes como Nueva York, Hong Kong y Singapur ha sido una constante en la evolución del sistema financiero global. Este enfrentamiento no solo refleja los profundos cambios económicos y tecnológicos de los últimos siglos, sino también las tensiones geopolíticas, culturales y regulatorias que han moldeado las dinámicas del comercio y la inversión a nivel mundial. La lucha por la supremacía financiera global es mucho más que un simple duelo por capital y negocios; es una narrativa de adaptación, innovación y resiliencia en un mundo cada vez más interconectado y competitivo.

Desde la Revolución Industrial, Londres había disfrutado de una posición dominante como el principal centro financiero del mundo, impulsado por su control del comercio global y su papel como epicentro del sistema del patrón oro. Sin embargo, con el ascenso de Estados Unidos como potencia económica durante el siglo XX, Nueva York comenzó a emerger como un rival formidable. La consolidación de Wall Street como el corazón financiero de América del Norte, especialmente tras el establecimiento de la Reserva Federal en 1913, marcó un cambio en la balanza de poder. La capacidad de Estados Unidos para atraer capital extranjero, combinada con la creciente influencia del dólar como moneda de reserva mundial, comenzó a desafiar el liderazgo histórico de Londres.

El crecimiento de Nueva York se aceleró tras las dos guerras mundiales. Durante estas conflagraciones, mientras Europa lidiaba con devastadoras pérdidas humanas y materiales, Estados Unidos logró consolidarse como un refugio de estabilidad económica y financiera. Wall Street no solo se convirtió en un bastión para la inversión, sino también en el hogar de las empresas más grandes e influyentes del mundo. A medida que las compañías estadounidenses se expandían globalmente, Nueva York fortalecía su reputación como un centro financiero que podía ofrecer acceso a los mercados de capital más profundos y líquidos del mundo.

En paralelo, el ascenso de Hong Kong como centro financiero se produjo en un contexto diferente, marcado por la influencia colonial británica y su posición estratégica en Asia. A medida que el comercio global giraba cada vez más hacia el Pacífico, Hong Kong emergió como un puente entre Oriente y Occidente. Su sistema jurídico basado en el modelo británico, combinado con políticas fiscales favorables y una ubicación geográfica estratégica, lo convirtieron en un imán para empresas internacionales y bancos que buscaban acceso al mercado asiático. Durante la segunda mitad del siglo XX, Hong Kong se estableció como un núcleo clave para el comercio marítimo y la banca internacional, especialmente en lo que respecta a China, cuya economía comenzaba a abrirse al mundo.

Por su parte, Singapur se convirtió en un competidor clave a partir de la segunda mitad del siglo XX. Desde su independencia en 1965, el gobierno de Singapur, bajo el liderazgo de Lee Kuan Yew, implementó políticas económicas que lo transformaron en un centro global para el comercio y las finanzas. Singapur aprovechó su ubicación estratégica en el sudeste asiático, combinada con una infraestructura de clase mundial, estabilidad política y un enfoque implacable en la atracción de inversión extranjera. Estas características lo posicionaron como un competidor directo de Hong Kong, especialmente en sectores como la banca privada, la gestión de activos y el comercio de materias primas.

En este contexto de competencia creciente, la City enfrentó múltiples desafíos y oportunidades. Su integración en el mercado europeo tras la formación de la Unión Europea proporcionó un acceso sin precedentes al comercio continental, lo que fortaleció su posición frente a Nueva York y los centros asiáticos. Sin embargo, con el auge de la globalización y el avance de la tecnología, las instituciones financieras comenzaron a diversificar sus operaciones, estableciendo oficinas en otros centros para aprovechar las ventajas regionales. Esto llevó a una dispersión gradual de las actividades financieras, reduciendo la concentración de poder que Londres había disfrutado históricamente.

Uno de los factores clave que ha distinguido a la City en esta competencia es su tradición de innovación y adaptabilidad. Londres fue pionera en áreas como los derivados financieros, los seguros y, más recientemente, las finanzas verdes y la tecnología financiera. Sin embargo, Nueva York respondió con fuerza, consolidando su dominio en mercados de capital y convirtiéndose en el epicentro del comercio de bonos y acciones a nivel global. Wall Street también capitalizó su proximidad a la sede de las empresas tecnológicas más grandes del mundo, lo que impulsó aún más su capacidad de atraer inversiones.

En el caso de Hong Kong y Singapur, la competencia con Londres y Nueva York se ha centrado en su papel como puertas de entrada a Asia. Hong Kong, a pesar de los desafíos políticos y económicos recientes, sigue siendo un centro crucial para el comercio con China. Su bolsa de valores es una de las más grandes del mundo, y su posición como un nodo clave en las rutas comerciales asiáticas lo mantiene relevante. Singapur, por su parte, ha aprovechado su reputación como un entorno empresarial amigable y su papel en la gestión de activos y la banca privada para atraer una cantidad significativa de capital extranjero.

No obstante, la City ha enfrentado desafíos específicos en las últimas décadas, particularmente en relación con el Brexit. La salida del Reino Unido de la Unión Europea creó incertidumbre sobre el acceso de Londres al mercado único europeo, lo que llevó a algunas instituciones financieras a trasladar partes de sus operaciones a otras ciudades europeas como París, Fráncfort y Ámsterdam. Aunque Londres ha mantenido su posición como un centro financiero líder, el Brexit marcó un punto de inflexión que subrayó la necesidad de adaptarse a un entorno global cambiante.

La competencia no es simplemente una cuestión de rivalidad entre ciudades. Es un reflejo de las fuerzas económicas y políticas globales que continúan remodelando el sistema financiero. Cada uno de estos centros ofrece ventajas únicas, desde la profundidad de los mercados de capital de Nueva York hasta la conectividad de Hong Kong y Singapur con Asia, pasando por la tradición y la experiencia de Londres en el ámbito financiero internacional. La capacidad de la City para seguir siendo relevante en este entorno dependerá de su habilidad para innovar, atraer talento global y adaptarse a las necesidades cambiantes de los mercados financieros.

7.3. Oportunidades en tecnología y sostenibilidad

El liderazgo en criptomonedas, FinTech y bonos verdes refleja una transformación profunda en el panorama financiero global, donde la innovación tecnológica, la sostenibilidad y la adaptación a las necesidades cambiantes del mercado convergen para redefinir el papel de los centros financieros tradicionales y emergentes. La City, conocida por su habilidad para adaptarse a lo largo de los siglos, ha tomado un papel destacado en estas áreas, buscando no solo mantener su relevancia, sino también liderar la evolución del sector financiero en un contexto marcado por desafíos ambientales, avances tecnológicos y nuevas demandas de los inversores.

El surgimiento de las criptomonedas ha marcado uno de los cambios más disruptivos en la historia reciente de las finanzas. Desde el lanzamiento de Bitcoin en 2009, las criptomonedas han desafiado los sistemas financieros tradicionales al ofrecer una forma descentralizada de transferir y almacenar valor. Londres, con su legado como centro de innovación financiera, ha desempeñado un papel crucial en la adopción y regulación de esta nueva clase de activos. La City se ha convertido en un espacio clave para las empresas de tecnología blockchain y criptoactivos, atrayendo tanto a startups como a grandes corporaciones financieras que buscan aprovechar el potencial de esta tecnología.

El enfoque de Londres en las criptomonedas se ha centrado en equilibrar la innovación con la regulación. La Autoridad de Conducta Financiera del Reino Unido (FCA) ha establecido un marco regulatorio para garantizar la protección de los inversores y mitigar los riesgos asociados con el uso indebido de criptoactivos, como el lavado de dinero y el financiamiento del terrorismo. Este enfoque regulatorio ha ayudado a posicionar a Londres como un entorno seguro y confiable para el desarrollo de tecnologías relacionadas con blockchain y criptomonedas, atrayendo inversiones significativas en este sector.

Además, la City ha fomentado el desarrollo de exchanges de criptomonedas, custodios de activos digitales y soluciones de pago basadas en blockchain. Las empresas británicas han liderado iniciativas para integrar estas tecnologías en el sistema financiero existente, como la emisión de stablecoins respaldadas por libras esterlinas y la exploración de monedas digitales emitidas por bancos centrales (CBDC). Este compromiso con la innovación ha permitido a Londres mantenerse competitiva frente a otros centros financieros como Nueva York y Singapur, que también han invertido en el crecimiento de la economía digital.

En paralelo, el sector FinTech ha experimentado un crecimiento exponencial en la última década, consolidándose como uno de los pilares del liderazgo financiero de la City. Londres se ha establecido como un hub global para las empresas FinTech, gracias a una combinación de factores, entre los que destacan su ecosistema financiero maduro, su acceso al talento global y un enfoque regulatorio favorable. La City ha sido el hogar de algunas de las startups más innovadoras del mundo, incluyendo empresas líderes en pagos digitales, préstamos peer-to-peer y plataformas de banca abierta.

El apoyo gubernamental y la colaboración entre el sector público y privado han sido fundamentales para el desarrollo del ecosistema FinTech en Londres. Iniciativas como los "sandboxes regulatorios" han permitido a las empresas probar sus productos y servicios en un entorno controlado, facilitando la innovación y reduciendo las barreras de entrada. Estas políticas han convertido a la City en un terreno fértil para la experimentación y el desarrollo de soluciones tecnológicas que están transformando la forma en que las personas y las empresas interactúan con los servicios financieros.

En el ámbito de los bonos verdes, Londres ha destacado como un líder indiscutible en la promoción de instrumentos financieros sostenibles. Los bonos verdes, diseñados para financiar proyectos que beneficien al medio ambiente, han ganado popularidad en los últimos años como una herramienta crucial para combatir el cambio climático y promover un desarrollo económico más sostenible. La City ha sido pionera en este campo, desarrollando estándares y marcos que garantizan la transparencia y la eficacia de los fondos recaudados a través de estos bonos.

El liderazgo de Londres en el mercado de bonos verdes se ha visto respaldado por su capacidad para atraer a emisores e inversores de todo el mundo. Las instituciones financieras de la City han jugado un papel clave en la estructuración, emisión y distribución de bonos verdes, facilitando el flujo de capital hacia proyectos de energía renovable, eficiencia energética y adaptación al cambio climático. Además, la Bolsa de Londres ha establecido un segmento dedicado a los bonos verdes, ofreciendo una plataforma para la cotización de estos instrumentos y reforzando su compromiso con la sostenibilidad.

La demanda de bonos verdes ha crecido de manera constante, impulsada por un cambio en las preferencias de los inversores hacia estrategias de inversión socialmente responsables. Londres ha aprovechado esta tendencia para consolidarse como un centro de excelencia en finanzas sostenibles, promoviendo la integración de criterios ambientales, sociales y de gobernanza (ESG) en la toma de decisiones de inversión. Las instituciones financieras de la City han desarrollado productos y servicios que permiten a los inversores alinear sus portafolios con sus valores, demostrando que la rentabilidad financiera y la sostenibilidad pueden ir de la mano.

El compromiso de Londres con la sostenibilidad también se refleja en su apoyo a la transición hacia una economía baja en carbono. La City ha liderado esfuerzos para movilizar financiamiento hacia proyectos sostenibles a nivel global, trabajando en colaboración con instituciones multilaterales y gobiernos para crear marcos que incentiven la inversión en tecnologías limpias y soluciones climáticas innovadoras. Este enfoque ha reforzado la posición de Londres como un actor clave en la lucha contra el cambio climático y un defensor de la sostenibilidad en el sector financiero.

Epílogo

La historia de la City de Londres es, en muchos sentidos, la historia del mundo financiero y comercial global. Desde sus humildes comienzos como un puerto romano en la orilla del Támesis, la City se ha transformado en un epicentro de innovación, poder y resiliencia, atravesando siglos de cambios políticos, económicos y sociales. Cada periodo histórico, cada desafío enfrentado, cada transformación tecnológica ha dejado su huella indeleble en las calles, instituciones y valores que definen a esta entidad singular. En el entramado de su evolución se entrelazan la ambición humana, la necesidad de progreso y la adaptación constante a un mundo en perpetuo cambio.

La City no es solo un espacio físico delimitado por los antiguos muros de Londinium. Es un símbolo de continuidad en un contexto de incertidumbre, un lugar donde los principios fundamentales del comercio, el intercambio y la confianza han sobrevivido a los embates del tiempo. Desde las ferias medievales organizadas bajo la protección de la Corona hasta el ajetreo de los modernos mercados financieros, la City ha sido el lugar donde las ideas se convierten en acción, y donde la acción impulsa la transformación. Esta capacidad para reinventarse, para mirar más allá de los desafíos inmediatos y adaptarse a las nuevas realidades, ha sido el motor que ha mantenido a la City en el centro de la narrativa económica global.

El viaje que hemos emprendido a través de los siglos revela un patrón recurrente: la búsqueda incesante de soluciones a los problemas de cada época. En los días de los gremios medievales, la cooperación y la especialización permitieron la prosperidad de los comerciantes. Con la llegada de la Compañía de las Indias Orientales, el comercio internacional encontró su primer ejemplo de organización corporativa a gran escala. La creación del Banco de Inglaterra marcó el inicio de un sistema financiero moderno que proporcionó estabilidad y confianza en tiempos de incertidumbre. Más tarde, con la introducción de la Ley de Sociedades de 1844, se sentaron las bases para una economía impulsada por las corporaciones, que todavía define gran parte del paisaje económico actual. Y en los últimos siglos, la City ha demostrado su capacidad para liderar tanto en innovación tecnológica como en sostenibilidad, adaptándose a la era digital mientras sigue comprometida con los valores fundamentales de responsabilidad y progreso.

Sin embargo, no todas las etapas de esta historia han estado marcadas por el éxito sin contratiempos. La City ha sido un escenario de tensiones, crisis y reconstrucciones. Las guerras mundiales dejaron cicatrices profundas, tanto físicas como económicas, pero también demostraron la capacidad de recuperación de este centro financiero. El colapso de Lehman Brothers y la crisis financiera de 2008 fueron recordatorios de las vulnerabilidades inherentes al sistema global, pero también sirvieron como catalizadores para reformas regulatorias que buscaron restaurar la confianza en los mercados. A través de cada uno de estos episodios, la City no solo sobrevivió, sino que emergió fortalecida, redefiniendo su papel en un mundo en constante evolución.

El Brexit, una de las transformaciones más recientes, presentó un desafío singular para la City. Este proceso no solo puso a prueba la relación del Reino Unido con sus vecinos europeos, sino que también obligó a la City a reevaluar su posición en un mercado global cada vez más competitivo. Sin embargo, como tantas veces antes, la City respondió con innovación y determinación, buscando nuevas oportunidades en mercados globales alternativos y reafirmando su compromiso con la sostenibilidad y la tecnología como pilares de su futuro.

Uno de los aspectos más fascinantes de la City es su capacidad para ser tanto un símbolo de tradición como un laboratorio de cambio. En sus antiguos edificios se encuentran instituciones con siglos de historia, pero en sus oficinas modernas se desarrollan algunas de las innovaciones más disruptivas del siglo XXI. Las criptomonedas, el FinTech y los bonos verdes son ejemplos de cómo la City continúa liderando el camino hacia un sistema financiero más inclusivo, eficiente y sostenible. Estas innovaciones no solo reflejan un cambio en las preferencias de los inversores, sino también un cambio en los valores de la sociedad en su conjunto, donde el impacto social y ambiental se ha convertido en un criterio clave para medir el éxito.

El rol de la City en el sistema financiero global actual no puede entenderse sin reconocer la interacción entre sus raíces históricas y su visión de futuro. Cada institución, cada mercado, cada innovación es parte de una narrativa más amplia que abarca siglos de aspiraciones humanas. Desde la invención del concepto de crédito hasta la digitalización del comercio, la City ha sido testigo y protagonista de las transformaciones más significativas en la economía mundial. Su influencia no se limita a las fronteras del Reino Unido; su impacto se extiende a cada rincón del planeta, afectando la vida de millones de personas que quizás nunca hayan oído hablar de sus calles empedradas o de sus rascacielos brillantes.

En este contexto, el liderazgo de la City no es un accidente ni un privilegio inmerecido. Es el resultado de una combinación única de circunstancias, decisiones estratégicas y un espíritu colectivo de resiliencia. La City no se ha limitado a adaptarse al mundo que la rodea; ha moldeado ese mundo, estableciendo estándares, impulsando innovaciones y liderando debates globales sobre el futuro de las finanzas, el comercio y la sostenibilidad. Este legado no solo es un motivo de orgullo, sino también una responsabilidad, ya que las decisiones que se tomen en la City seguirán teniendo un impacto duradero en el destino del sistema financiero global.

El epílogo de esta historia aún está por escribirse, pero si algo queda claro es que la City de Londres seguirá siendo un símbolo de lo mejor y más desafiante del espíritu humano. En sus calles, donde la tradición y la innovación se encuentran, se continúa forjando un futuro que, aunque incierto, promete estar lleno de posibilidades.